糟糕的
经济学

[美] 迪尔德丽·麦克洛斯基◎著
（Deirdre · N. McCloskey）

朱 源 徐 坤◎译

中国出版集团
中译出版社

图书在版编目（CIP）数据

糟糕的经济学 /（美）迪尔德丽·南森·麦克洛斯基著；朱源，徐坤译. -- 北京：中译出版社，2022.3

书名原文：Bettering Humanomics: A New, and Old, Approach to Economic Science

ISBN 978-7-5001-7003-7

Ⅰ.①糟… Ⅱ.①迪… ②朱… ③徐… Ⅲ.①经济学 Ⅳ.① F0

中国版本图书馆 CIP 数据核字（2022）第 043961 号

BETTERING HUMANOMICS: A New, and Old, Approach to Economic Science © 2021 by The University of Chicago.

Licensed by The University of Chicago Press, Chicago, Illinois, U.S.A.

The simplified Chinese translation copyrights © 2022 by China Translation and Publish House

All rights reserved.

著作合同登记号：图字 01-2022-0648

出版发行 / 中译出版社

地　　址 / 北京市西城区新街口外大街 28 号晋大德胜科技园主楼 4 层

电　　话 /（010）68005858，68358224（编辑部）

传　　真 /（010）68357870

邮　　编 / 100088

电子邮箱 / book@ctph.com.cn

网　　址 / http://www.ctph.com.cn

策划编辑 / 范　伟

责任编辑 / 费可心　范　伟

封面设计 / 朝阳盈蓝网络科技有限公司

排　　版 / 邢台聚贤阁文化传播有限公司

印　　刷 / 北京中科印刷有限公司

经　　销 / 新华书店

规　　格 / 710 毫米 ×1000 毫米　1/16

印　　张 / 13.75

字　　数 / 178 千字

版　　次 / 2022 年 3 月第一版

印　　次 / 2022 年 3 月第一次

ISBN 978-7-5001-7003-7　　　　定价：68.00 元

版权所有　侵权必究

中　译　出　版　社

前　言

让我用电梯推销术的语言来说服你：若想更好地发展经济学，我们需要构建人文经济学。与现有的经济学相比，人文经济学的理论性更开阔且更有力度，其实证性也更宽广且更严谨。作为有职业操守的社会科学家，我们需要严格保持谦虚的品格。

在20世纪八九十年代，我作为一名中年经济学家，以方法论为题写了三本书，其中提到，经济学正如其他学科一样，也与人类生活其他方面相同，拥有一套独特的"修辞"。也就是说，经济学会使用暗喻（《经济学修辞》 1985）、故事（《如果你足够聪明》 1990）以及认识论（《经济学中的知识和劝诫》 1994）。这三本书敦促经济学家们，若想使经济学成为成熟学科，必须要意识到"修辞"的重要性。

我不敢说这些书对我亲爱的同事们有多大影响。这些经济学家们，无论是否正统，依然我行我素，满足于以实证主义、行为主义和新制度主义为依据开展自己的研究，丝毫不顾及经济学科日常使用的暗喻、故事以及认识论。祝福他们……

因此，在这本书和即将出版的评论性指南《经济学：超越行为主义、实证主义、新制度主义》中，我将进一步展开对经济学实质性内容的论证，即对经济学修辞的研究。相较之下，我之前出版的《资产阶级时代》三部曲更关注的是经济学学科的形式。（这是因为在某种程度上，经济学、历史学、传播学和英语学科的荣誉退休教授们认为形式和内容严格来说是分离的。）

我与斯蒂芬·齐立克2008年合著的一本专业书籍《对统计意义的崇拜》，更明确地探讨了形式和内容这两个不同的问题，最近这一主题得到了美国统计协会的呼应。统计学理论在诞生之初就产生了对这一主题的原初表述，但是这种呼应尚未传达到经济学家耳中。（科学历来是保守的，也理应如此，只是这些经济学家们无视统计学实践常识，恐怕对于旧习的保护有些过头了。）

诞生于18世纪的自由主义伦理学是人文经济学的一部分，自由主义是自然科学、社会科学和人文科学等所有现代学科的基础。从古代的雅典到现代的美国，科学都是在更自由的社会中蓬勃发展，这绝非偶然。好的科学是由善良诚实、开放自由的人创造的，好的社会科学尤其如此。如不然，这些研究很可能会遭到破坏。这一论断早在1994年出版的《经济学中的知识和劝诫》中就有略述，但直到25年后，在《为什么自由主义行得通》（2019）中，我才终于多少弄清楚其中的政治内涵（我并不是最敏捷的思想者）。显然，糟糕、不自由的社会工程会帮助暴君任意摆布人民，损害社会的各个方面。因此，我在另一本书中提到，美国经济学家、历史学家道格拉斯·诺斯的新制度主义理论，就像过去几十年中经济学其他反伦理、坚持实证主义、新行为主义和反自由主义的运动一样,不符合自由人对经济学的要求——遵从道德且有说服力。

这里说的大部分内容是对我被邀请表达意见的回应。要知道,"回应"并不是急躁地争论或某种程度的无礼表现,或是取代科学中僵化、无效等级制度的唯一方案。这种等级制度导致美国地质学家质疑了大陆板块运动学说50年,玛雅文化专家耗费30年都没有破译玛雅文字,也让经济学家努力20年亦无法挑战凯恩斯主义。科学家每次都应该尽可能友好地作出回应(公民、律师又或婚姻伴侣也应如此),"你有什么想法?哦,我明白了。嗯,好吧。亲爱的,经过了深思熟虑,我饱含爱意对你的逻辑和证据、感受和尊严都进行了回应。也许我们可以改进你的想法,当然我的想法也会随之进步,因为我愿意承认我的想法可能存在谬误。请你一起参与,让我们验证一下。"这是人与人在良好科学中的对话,正因如此,友爱的朋友们在科学学术研究领域的互相批评才会卓有成效。所以,正如你将在另一本书里看到的那样,我抱定决心加入这场讨论。

哲学家艾米丽·奥克森伯格·罗蒂在1983年写道:重要的是"我们有能力参与持续对话,相互检验测试,发掘隐藏前提,并且听取同伴建议改变自身想法。疯子也能改变想法,但他们的想法同样也会随着月亮的圆缺发生变化,而并非是因听取了朋友的问题和反对意见而作的改变。"我们都应该尽力恪守这一座右铭。在阐释性、修辞性以及哲学实质性三位一体的批评模式中,真正的聆听是其中的阐释性元素。无论是在计量经济学β系数等微观问题中,还是在牛顿、达尔文或凯恩斯提出的改变世界的宏观问题中，该三位一体的批评模式都是推动科学进步的真正原因。它具体的步骤就是聆听并且发掘论证的形式，进而利用修辞和哲学手段洞察此前的错误并进行修正。马克思1867年出版的《资本论》一书的副标题为《政治经济批判》，这就是科学精神。

我尽可能友好地进行了批判性回应，发现两点：

一、目前似乎出现了一种新的经济学研究方式。我认为这种方式更严谨、明智。正如本书中论证的那样，该研究方式在定量研究、哲学、历史以及伦理方面都更严谨。经济学家巴特·威尔逊和其他几位经济学家称其为"人文经济学"。

二、但是，我在另一本书中指出，道格拉斯·诺斯、达隆·阿齐默鲁和其他经济学家、政治学家提出的新制度主义并非经济学前进的正确方向。从科学的角度讲，新制度主义的事实主张，如同神经经济学、行为金融学和幸福学研究等近来其他新行为主义风尚一样，都是不可靠的。往好的方面看，其创立和论证都是值得商榷的。新制度主义者像其他人一样，并非真正"聆听"了人们的证据，也没有听取他们朋友的科学问题和反对意见。事实上，他们对待有创造力的成年人就像对待一群顽皮的两岁小孩。他们不需要听取小孩的意见，只需要"观察他们的行为"，而且出于某种原因忽略了语言行为。接下来又用可疑的指标将这些行为记录下来。"儿童公民"被"激励措施"左右，这就是萨缪尔森经济学家和其效仿者钟爱的手段。识别和设计效用最大化制度体现了诺斯慈父般高超的专业知识，而这位新制度主义者却在高处蔑视着自由的人类行为和人际互动。

前 言

所以我认为其他反对人文经济学的新行为主义风尚也是如此：行为经济学声称在认知上我们都是小孩子；经济学田野调查实施在真正小孩身上，是毫无意义且往往是不道德的；神经经济学研究把小孩拴在电极上，检测他们的大脑而非心灵；不丹的幸福指标只能取悦统治者，毫无意义；经过一个世纪左右的时间，此类研究在最近达到了高潮，源自华盛顿、伦敦或布鲁塞尔的经济工程增设了越来越多的"政策"来对单纯的小孩们作威作福——你看，都是为了他们好。美国联邦政府目前实施了100多万条规定！民主党人说："增派更多的官僚掌控处方药物，就是为了不让美国人在国外自由买药。"共和党人说，"增派更多警察掌控巴尔的摩东北，不许那儿的成年人随意消费，或者找到符合市场薪资水平的工作。"

一切新行为主义的风尚都在朝着错误的方向发展。他们的假定既狭隘又不切实际，认为经济学"老爸们"了解一切，丝毫不顾及成年人的尊严。无论任何形式下，神乎其神的新行为主义经验论都体现出了惊人的空洞。为了克服这种反自由主义并且填补这种空洞，我们需要更好的经济学、更完善的人文经济学、将人的因素考虑在内的经济学。著名经济学家亚当·斯密、菲利普·威克斯蒂德、阿尔伯特·赫希曼、阿加·克拉默、罗伯特·威尔逊都曾这样倡导过。

无论你是否是理论经济学家，都需要认识到人文经济学的前景以及该领域近期的行为主义表现。据说那些捕风捉影的疯癫当权者，正从几年前某个三流学者身上汲取政治狂热。以下各种组织或个人的政策正是这些行为主义的精华产品，包括欧盟理事会、美联储、美国财政部、国际货币基金组织、世界银行、联邦政府、州政府和地方政府、伯尼·桑德斯、约瑟夫·斯蒂格利茨、保罗·克鲁格曼以及玛丽安娜·马祖卡托等,并且他们坚信全能大师们应该设计更多政策和法规来管理单纯、冲动"小孩们"微不足道的生活,比如说你本人的生活。你应该关心这样汲取的政治狂热是否会贬低你的身份,然后消灭你。

然而,这些书的潜在读者主要还是专业经济学家,或是政治学家、社会学家、法律教授和哲学家中的同路人。我大半辈子都是经济学家和经济史学家,我热爱并钦佩经济学,以及经济学家和经济史学家中的大多数人,特别是以下诸君:保罗·萨缪尔森、米尔顿·弗里德曼、杰夫·哈科特、哈里·约翰逊、鲍勃·福格尔、阿尔伯特·赫希曼、哈罗德·德姆塞茨、琼·罗宾逊、弗里德里希·哈耶克和鲍勃·海尔布隆纳。我为机会成本、供给和需求、一般均衡理论、进出口等概念,以及所有相关的数学和统计表达式欢呼。为国民收入核算和财富之轮,尤其是这些理论在历史上的实施过程欢呼。为上帝对合作和竞争的祝福,包括其分析过程和分析师欢呼。是的,我会这样的。

但是,如果这种狂热地提炼并不会贬低然后消灭你我以及从波士顿到上海的所有人,那我们经济学家则需要重新思考这个配方了。我们需要设计一种人文经济学,这种经济学并不会放弃从古老的经济学科中汲取好的东西。(对优良传统随意地抛弃也正是各类"新"经济学的典型特征。从西方马克思主义者和制度主义者到所有现代货币理论家,再到前总统特朗普阁僚彼得·纳瓦罗和史蒂芬·米勒领导的疯狂对外贸易保护主义者和反外国移民

前　言

主义者皆如此。)简而言之，严肃的经济学家需要认真反思他们的科学主义思想、对伦理轻蔑地驳斥、获得自由主义光荣称号时仍秉承的反自由主义、对量化研究"船货崇拜"式的伪装，和随之而来的对大多数人类知识和行为的蔑视。

"船货崇拜"可能需要解释一下。这是物理学家理查德·费曼给那些冠有科学名义，但实际上是虚构项目所贴的标签。这一比喻指的是第二次世界大战后新几内亚高地人的行为。他们架起椰子壳做路灯和空出飞机跑道般的空地，狂热地希望满载货物的大型战机会飞回来，最后飞机并没有回来。与此类似，在经济学中，许多被认为是高级证据的东西看起来像量化的结果，无论如何也是矩阵代数，但这些证据并不能贴切地量化或揭示世界是如何运作的真相。许多被认为是经济学高层次理论化的东西看起来像是对世界及其运作的洞察，但它们也同样不能产生预期效果。

"对伦理轻蔑地驳斥……以及随之而来的对大多数人类知识的蔑视"，这一点无需太多解释。这是实证主义，也是完善人文经济学的主要障碍，而你每天都能看到其身影。"science（科学）"这个词普遍被用作进攻的工具，人们并不了解具体的哲学、社会学和自库恩以来的科学史，也不了解在现代英语之外的所有语言中。"科学"这个词的意思是"系统的研究"，不仅包含对物质世界的研究，也包括对许多糟糕的经济学的研究。很多无知的人开始忽视伦理标准，并先验地排除其他认识方式。

相反，未来的经济学应该使用现有的所有科学逻辑和证据，包括实验的、模拟的、内省的、问卷调查的、图形的、分类的、统计的、文学的、历史的、心理的、社会学的、政治的、美学的、伦理的等各个方面。套用一个老笑话，醉心于本专业的经济学家坚信，黑暗中丢失的钥匙会神秘地出现在路灯下，因为灯下的光线更好，这种想法应该停止了。经济学家在定性和定量两个方面都必须认真对待，实践完整的人的科学。亲爱的，把数字和分类弄对，不能再有"船货崇拜"了。在伦理层面认真起来，不仅只在路灯下，在黑暗中也能找到很多与科学相关的知识。

目 录

第一部分 建议

第一章 人文经济学和自由主义预示着更好的经济学 003
第二章 亚当·斯密实践了人文经济学，我们也应如此 015
第三章 经济史说明了非人文经济学的问题 025
第四章 经济科学需要人文学科 031
第五章 这只是常识和知识自由贸易的问题 043
第六章 毕竟甜言蜜语统治自由经济 051
第七章 我们因此应该像路德维希·拉赫曼那样，用双脚走路 065
第八章 也就是说，经济学需要的是超越行为主义的人类心灵理论 077

第二部分 撒手锏级应用

第九章 人文经济学的撒手锏级应用证明"经济大爆炸"源自伦理和修辞 089
第十章 自由主义尊严做到了这一点 101

第十一章　思想是基础，而非动机　113

第十二章　甚至是时间和地点　127

第十三章　言辞是关键　135

第三部分　怀疑

第十四章　分析哲学家对这款撒手锏级应用的怀疑不具说服力　149

第十五章　社会学家或政治哲学家的怀疑也不合理　167

第十六章　甚至连经济历史学家的怀疑也不可信　183

参考文献　195

01

第一部分　建议

第一章
人文经济学和自由主义预示着更好的经济学

在本书中我提出的一个经济学前景,并将用细节性的例证加以说明,旨在完善人文经济学,以人文经济学命名的经济学科接纳(并用常识修复了)至2021年左右正统经济学的模型、数学、统计和实验等,且加入了人类言辞中的大量经济行为。这些信息只要我们认真倾听就能得到,包括倾听里亚尔托交易市场的新闻、对照实验中聊天室的言辞、国际扶轮社[1]会议上商人的冷静证词、咖啡会上的流言蜚语、物种间实验的发现、人工智能中值对齐的结果、巡回演说和衣帽间里的政治、在伦理和认识论方面对适当范畴的沉思(以国民收入为例,如何定义"国民"或"收入"呢?)、历史学家的故事、神学家的思考、诗人和哲学家的自省、公众舆论的调查、视觉艺术和歌曲、电影、戏剧、小说、诗歌、歌剧以及大奥普瑞乡村音乐的智慧等。此外,人文经

---

1. 扶轮社:是依循国际扶轮社规章所成立的地区性社会团体,以增进职业交流及提供社会服务为宗旨。特色是每个成员需要来自不同职业,并且固定的时间和地点召开例会。——译者注(以下无特殊说明,皆为译者注)

济学也汇集了人类对艺术和语言的思考，这在美国被称为"人文学科"，在英国被称为"文艺科"。这一巨大且复杂的项目源于古代，批判性地回顾了人类的思维和语言及其效果。简而言之，我们经济学家应该利用能获得的所有证据。不然，我们就不是严谨的科学家，只是科学主义的醉鬼，抑或新几内亚高地人。

正如人文社会科学资深教授王宁和人文经济学先驱，1991年诺贝尔经济学奖得主罗纳德·科斯在得奖前所说的那样，"经济学科从人类创造财富的道德科学变为资源配置中的冷酷逻辑，人性深度和丰富度的损失是最显著的代价。现代经济学不再是研究人类的学科，已经失去了根基，偏离了经济现状。因此，尽管在这个充满不确定性的危机时刻人们迫切需要经济学家们的忠告，而他们却很难说出多少连贯且有见地的话。"

在《发疯》（1951）一书中，澳大利亚小说家纳维尔·舒特[1]讲述了杰出总工程师康斯坦提恩（他也叫康尼，是一个虔诚的人）去世后，一家航空运输公司的老板对自己事业的反思：

我感到孤独，同时又很困扰，起初做什么事情似乎都没有意义；我很累，不知道该怎么办。我想卖掉公司，也许会卖给澳大利亚航空管理局……但是过了一段时间，我定下心来。从那之后，在我看来，以康尼喜欢的方式继续经营公司会是更好的选择，所以在一个物欲横流的世界里，我应该树立起亚洲航线的榜

---

[1] 纳维尔·舒特：其最著名的作品是1957年出版的《海滩上》，1959年拍成了一部令人伤感的电影，由格里高里·派克主演。

第一章 人文经济学和自由主义预示着更好的经济学

样,表明人们可以通过康尼的方式来保证飞机的安全,但同时又保持盈利状态。根据经验,我甚至可以说,只有这样,你才能远离亏损。

舒特指出了人类的一个特点,即使在商业中,我们也需要一个卓越的目标,也需要爱的指引。再加上对物质利益的追求,这就是正常人的生活方式。毕竟,从细菌、苔藓到与人同种的人猿,对利润的追求是所有生命共通的,而并非人独有的特征。作为一门研究"生活中普遍事务"的人文科学(这是很久以前经济学家阿尔弗雷德·马歇尔对经济学的定义),经济学要像承认资产负债表一样认可这种非营利目的。这并不代表我们要放弃从亚当·斯密、马歇尔、凯恩斯或萨缪尔森那里学到的东西。亚当·斯密所倡导的经济学科将与《经济学人》第一任编辑沃尔特·白芝浩对英国宪法的阐释相结合,他将英国政制分为"效率的部分"和"尊严的部分"两方面,也就是日常性的和超验性的、手段性的和目的性的区分。将两方面都包含在内,因此,人文经济学便应运而生了。

至于有关经济学家们对伦理轻蔑地摒弃,以及随之而来的对大多数人类知识的蔑视,经济学家们通常以专业化为托词。"你看吧,经济学本身就推崇专业化。门外汉们,安分守己吧。"但是他们并未对经济学进行完善。如果不开展交易,在后院堆积的专业产品(知识)则毫无意义。先专业化,然后交易,这是自亚当·斯密以来经济学就开始推崇的道理。倘若一个经济学家无视经济行为者的超常目的,忽视他们的言论,把他们当作蚂蚁一样观察对待，那么他必然不是在进行人类知识的交易。

你会注意到，人类行为的大部分是在思考和谈论人类行动的本身，而不仅是面对"预算线"[1]时自私、轻率地做出反应。人类行动受自由意志操控，这是人类的典型特征。事实上，这和神学家们争论的自由意志是一件事。行为主义本身是沉默的、孤独的、回应式的、实证的、宿命的、观察性的，而人文经济学则超越了行为主义的局限，扩展了行为主义中人为缩小的证据范围。

自20世纪30年代以来，行为主义一直统治着经济学和人文科学等许多领域，但对于人类行为却没有做太多哲学方面的思考。昆虫学家爱德华·威尔逊反对这种行为主义。奥地利裔美籍经济学家弗里兹·马克卢普早年曾学过经济修辞学，他提出了一个尖锐的问题，如果原子会说话，物理学将会是什么样。对于研究能说话的人的学科来说，这仍是一个应高度关注的问题。

正如之前提到的，"人文经济学"这个术语是由实验经济学家巴特·威尔逊在2010年左右提出的。这位学者令人称奇，他和诺贝尔奖获得者弗农·史密斯在2019年合著了《人文经济学：21世纪的道德情操和国家财富》。随后，在2020年，同样是法学教授的威尔逊在一本名为《财产物种：人类如何实现"私有化"，"私有化"又是如何让我们成为人类》的书中，针对转让财产这种人类的独特习惯进行了人文经济学研究。多年来，威尔逊一直与扬·奥斯本（威尔逊在加州查普曼大学英语系的同事）一起教

---

1. 预算线：经济学名词，意思是在给定的收入水平和固定的商品价格条件下，消费者能购买到的X商品和Y商品的各种组合。

第一章　人文经济学和自由主义预示着更好的经济学

授一门新生课程,通过歌德的《浮士德》英译本介绍经济学。

是的,你没听错,是《浮士德》。例如在这部史诗的开头,被误导的浮士德博士发过怨言,而这种抱怨违反了经济学中没有免费午餐的假设和与之相关的二十先令纸币定理,因此该课程具有启蒙意义。二十先令纸币定理是指:进行日常学习,捡起可能掉在路边的二十先令纸币,赚取日常利润。

证明如下。公理:人类是贪婪的。事实:他们急切地捡起路边的二十先令纸币。事实:有很多这样的人走在大部分道路上。而且通常没有有力的道德约束,也没有黑手党或政府的暴徒阻止捡钱人进入道路。结论:根据日常知识,没有多少二十先令的钞票可供浮士德捡到。

浮士德博士抱怨道:"我既没有财产和金钱,也没有浮世的声名和体面。"他其实是在抱怨日常学习并没有带来超常利润这一"免费午餐"。这种抱怨既幼稚又与经济学原理相悖,然而每天都有"技术分析师"在财经频道喋喋不休地对此进行评论。因此,他求助于巫术,好比是经济学中的图表分析金融顾问或计量经济学家,"这样才能看到隐藏于世的神秘之力。"最后他心烦意乱地向魔鬼求助。

人文经济学从《浮士德》中获取的知识,和从抛补利息套利中得到的一样有价值。本书将全方位展示这种研究方法。哲学家指出,术语的定义中有一种是"明示的"(拉丁语对应单词为ostendere,意为展示)。你可以通过展示温莎椅、伊姆斯椅等各种不同设计的椅子来展示"椅子"这个词的明示意义。这本书正是给人文经济学提供了明示的定义。

但我最近突然想到，过去的15年里，我在讲述经济与历史的《资产阶级时代》三部曲（分别出版于2006年、2010年、2016年）中，在与阿特·卡登合著的大众读物《别管我，我会让你变富：资产阶级协定如何让世界更富裕》（2020）中，以及在我提到的政治书籍《为什么自由主义行得通》（2019）中，都以明示的方式提出了人文经济学这一定义，而我自己却没有意识到。我写的所有关于历史、经济和自由主义的批评及回应短文都收录在三部曲中一本《即兴曲》三卷本中。重读这些文章时，我又注意到，自20世纪60年代以来，我一直在以混乱的方式提出人文经济学概念。现在我意识到了这一点，自觉应重新阐释这一概念，在计划撰写的英国农业历史书《谨慎而忠实的农民：论历史人文经济学》中阐述一遍，如果上帝保佑，我甚至会在神学书《上帝在玛门：圣公会讲道》中再写一次。这绝对是一件疯狂的事情！

尽管有了这个想法，我还是尴尬的晚了一步。比我聪明的经济学家们早在几十年甚至几百年之前就预言了人文经济学的诞生，如阿尔伯特·赫希曼、阿乔·克拉默，以及伟大的前辈亚当·斯密本人。他们展示了超越行为主义的经济学，建立了一种非"船货崇拜"的真正科学。

因此，在本书中我将用超越正统的详尽范例展示人文经济学，范例包括新制度主义和其他幼稚的行为主义。我在另一本书

第一章 人文经济学和自由主义预示着更好的经济学

《超越行为主义》中对行为主义进行了批评。这两本书给我们经济学家的建议为：成长起来，以认真、谦虚的态度对待人文学科的逻辑和证据，接受成年人的自由和创造力。

在各种层面上，经济逻辑本身都与社会工程学相矛盾。正如很久以前我在研究经济学故事中的修辞时指出的那样，如果社会工程师[1]如此聪明，他们为什么不富有呢？可制定了产业政策的人富有吗？那些社会工程学专家应该回答这个问题，因为他们提出人们应该根据有益的建议或强制的政策来经营生活，制定这些建议和政策的前提就是"对未来的预测能力"。正如浮士德的理解，从严格意义上讲，所谓的预测和控制能力就是超额利润。然而在创意经济中，我们无法预测或控制经济增长和获利情况。你可以尝试着说几个预测了互联网、集装箱化、绿色革命、汽车、现代大学或蒸汽机的经济学家的名字。如果你能说出一个，我表示非常怀疑，除非你说出的这个人银行账户真的有巨额存款。经济学家要想成长必须适度扩充人文学科知识，回顾分析人类行为的创造性，接受预测和控制行为中认识论的潜在局限性。这正是人文学科在人文经济学中的作用。

要明白，认真对待经济学中的人文性并不是在对抗数学研究。我支持1874年里昂·瓦尔拉斯阐述的观点，"至于那些不懂数学的经济学家，他们不明白数学的含义，却坚持认为数学不能用来阐明经济原理，让他们随意去重复'人类有自由，决不会把

---

1. 社会工程师：是使用科学方法来分析和理解社会制度，以使设计适当方法，从而在人类对象中取得期望的结果。可以理解为产业政策制定者。

自己抛入数字方程式中'或'数学忽略了冲突,而冲突是社会科学的一切'这些论调吧"。尽管我一直在强调,目前许多类似的数学和统计工具已经形成了船货崇拜,但如果要我说,我依然认为经济学中应该包含更多的数学和统计学知识。我们应该更科学地进行数学和统计学研究,利用工程学和物理学中的模拟、误差界限、贝叶斯分析和函数逼近等思路,再加上从生物学得来的进化数学等方法;要比现在做得更好;而不是枉费时光,用数学中的存在性定理或者统计学中反贝叶斯的费雪派提出的 t 检验理论进行断断续续、毫无意义地研究。我们应该超越萨缪尔森戒律,即所有经济学模型都必须包含效用最大化这一"反社会冒险"。

简而言之,人文经济学教会我们,面对自由成年人的创造力必须保持谦虚。只有上帝和自然才能主宰我们,除此之外别无他者。仿照雷切尔·卡森1963年对《寂静的春天》的论述,简·雅各布斯1984年对充满活力的城市进行了探讨:"在特定的时间及城市,无论创新以何种形式出现,相关纠正都依赖于后期地培养,人类不可能提前得知创新的出现。"表面看来滴滴涕(DDT)是一种神奇的杀虫办法,石棉是神奇的材料,计量经济学是经济工程中神奇的工具,结果时间却证明了一切并非如此。罗伯特·摩西通过土地征用权在纽约获得的收益看似很辉煌,但最后也惨淡收场。辉煌的奇迹通常不会通过主导计划得以实现。

如果我们将生产函数想象成高超的目标,并非普通的回顾性计算工具(摩西·阿布拉莫维茨明智地认为生产函数是"计算我们无知的方式"),那它就是"船货崇拜"式的科学。我自身也践行了前者几十年,这是我最大的过错。人类生活在经济中,和在城市、语言、艺术、烹饪及自然环境中别无二致。试图通过主导计划支配人类行为通常是行不通的。因此，我们应该拒绝对经济进行轻车熟路的预测和控制。这种预测和控制的冲动是在两个世纪前奥古斯特·孔德在其建构主义理论中提出的——"知识就是力量"。正如哲学家约吉·贝拉（事实证明，还有物理学家尼尔斯·玻尔）所说，面对人类的创造力，或者量子力学，预测是困难的，尤其是关于未来的预测。因此，控制也就无从谈起了。

就说这些吧，目前人文经济学的相关描述虽然很多，但其仍受到伦理上的颇多限制。让我们认真对待人文经济学这一研究经济生活的人文学科吧。

第二章

亚当·斯密实践了人文经济学,我们也应如此

那让我们从经济学的开端开始吧，从备受崇敬的亚当·斯密开始。现在践行的经济学科忽略了经济中的语言，这个特点令人担忧。换句话说，经济学忽略了人文学科，如哲学、文学、神学和史学，以及相关的社会科学，如文化人类学和定性社会学——也就是说，它忽略了对人类意义的研究。然而，亚当·斯密（希望他的学派能够进一步壮大起来）经常谈到"说话的能力"，并在他所有的作品中都考虑了人类意义。"给别人一先令，"他写道（更确切地是他说道，因为此处来源是学生在他讲座上的笔记），"该做法的含义似乎非常简单明了，但这实际上是在提供论点来说服一个人做某事，并且这样做是为了他好。"

人们并不会仅是默默给钱，默默理发。人们不是萨缪尔森经济学中假设的自动售货机。他们会交谈，如经济学家和人文经济学先驱阿乔·克拉默在2011年所说的（这种说法在他其他的作品中可以追溯到1983年写的第一本书），他们会交流。在交流中，他们双方都接受讨价还价。通过对话，他们建立了"现行"价格——这就在实践中解决了持续交易者理论以及阿罗-德布鲁模型中的悖论,也解释了为什么实验市场表现得如此优秀,尽管它看起来完全不符合阿罗-德布鲁模型的条件。上文中提到过的弗农·史密斯指出:"实验经济学最主要的发现是,当现有的信息条件远弱于理论规定的水平,市场中的非人格化交易在反复互动下将实现经济理论中的平衡状态。在个人、社会和经济的交易过程中,正如对两人博弈的研究所示,合作产生的结果将超出传统博弈模型的预期水平。"这里说得很委婉。

对于市场参与者,热衷修辞学的亚当·斯密继续说道,"如此一来,他们在处理事务时,换句话说,在与绅士们(请把女性也包含进去,我亲爱的亚当)交流时,能获得一定的能言善辩的本事;这就是每个人生活中最普遍的日常。"例如,学术经济学的日常事务就是练习说话技巧(正如20世纪八九十年代我在关于经济学修辞的书中所论证过的)。当然,后来我也意识到,修辞在经济学的日常事务中占很大比重(我用阿乔·克拉默的理论计算,然后在《资产阶级时代》三部曲中将其应用到对现代世界伦理和历史的研究中)。早在两个半世纪之前,前辈亚当·斯密就明确了这一点:"就像这样,每个人一生都在对别人练习演讲。"

亚当·斯密的第一本书《道德情操论》(1759 首次出版,1790 年他去世时出版了第六版)是他最喜欢的一本,而大多数经济学家从未听说过(我也是直到 1990 年左右才开始读)。这本书的主题是我们应如何在公共场合或在我们的"心灵议会"中谈论道德,特别是关于节制的美德。甚至在他另一本关于谨慎的

第二章 亚当·斯密实践了人文经济学，我们也应如此

书（我同样是在1990年才开始读的）中，他也写道，"我们无法进一步证明（以货易货）这种倾向是否是人性最初原则之一，不过这倒更可能是理性能力（萨缪尔森经济学关注的）和言说能力（亚当·斯密的人文经济学关注的）相结合的必然结果，但这不属于我们现在探究的主题。"唉。我们多希望他能在这一点上进一步探索。在《法理学讲义》中，他曾说过（和《国富论》的编辑们看法相同）："普遍存在于人性之中的说服原则是劳动分工的真正基础。"

然而，亚当·斯密的追随者们逐渐搁置了对语言、说服和人类意义的研究，转而将人类自由置之度外，只想要得到可预测的经济机制。直到20世纪30年代，这类转变都是温和且非教条的，允许在研究中偶尔对人类意义进行探索，如凯恩斯对动物精神的论述以及丹尼斯·罗伯逊对经济化爱情的论述。但在20世纪早期实证主义的阴影下，在莱昂内尔·罗宾斯、保罗·萨缪尔森和米尔顿·弗里德曼（以及后来的理查德·李普西、迈克尔·詹森和加里·贝克尔以及许多其他人）的影响下，经济学研究被严格简化为"行为"研究，并且不合逻辑地忽略了大多数语言行为（在这一点上，弗农·史密斯和巴特·威尔逊等人的学派在实验中关注了合作和竞争对象间的交流，实验结果超出了传统博弈论的预期）。

但是，针对自20世纪60年代以来乔治·斯蒂格勒（1961年）、雅各布·马尔沙克（1968年）、乔治·阿克洛夫（1970年）等人开展的信息传递研究，经济学家又将如何评价呢？没错，信息通常是通过语言传递。毫无疑问，自20世纪60年代以来，经

济学的主要进步之一就是承认了信息和信号的作用。但是用边际收益和边际成本的常规公式即可处理的语言仅仅是对信息或命令的传递:"我出价 4.15 美元买一蒲式耳玉米""我接受你的出价""交易失败"。这种语言是普罗克汝斯特斯之床[1],迄今为止所有关于经济学语言的最新研究都被迫躺在这张床上,阿里尔·鲁宾斯坦 2000 年出版的作品就是如此。这是自动售货机式的语言。问题在于,正如亚当·斯密和弗农·史密斯所说,经济生活中很大一部分谈话不仅包含通知或命令,还要通过或许没有那么甜的甜言蜜语说服他人:"你这价格高得离谱";"我们勠力同心公司才能成功""我有一个制造汽车散热风扇的好点子,你应该投资""新款苹果手机不错啊""知识产品不该归类为财产,因为它们在使用过程中没有机会成本"。

这重要吗?说服性谈话有经济意义吗?有。克拉默和我证明了这一答案。根据美国的职业统计,现代经济中大约四分之一的劳动收入是通过甜言蜜语获得的,不总是用谎言或诡计,主要还是诚实地说服。管理者必须锻炼这种能力来管理自由择业的工人群体,教师必须锻炼这种能力来说服她的学生读书,律师必须锻炼这种能力才能建立更好的法治社会。

正如(有名的)非合作博弈理论家所说,如果经济中的语言只是"空谈",那么忽视语言便无关紧要,语言在经济活动中占的份额也将趋近于零。如果我们是自动售货机,没有人会为说服

---

[1]. 普罗克汝斯特斯之床:指希腊神话中妖怪普罗克汝斯特斯用来杀死过往旅人们的床,强迫身高者睡短床,利用利斧把旅客伸出来的腿脚截短;身矮者睡长床,强行拉齐躯体与床齐。

性谈话付费。如果是这样,交谈还有什么意义呢?你付钱,你选择。如果一个经济代理人仅能传递友好的出价和要价信息,她便丧失了自身的价值。在市场、公司和家庭中,人们谈论自身经济事务时总喜欢喋喋不休,就像左撇子或红头发等这些特征一样,对某些英语系或在发廊工作的人来说可能很有趣,但对于经济学中强硬学派来讲却是不着边际的。

然而,事实并非如此。处于正统地位的最大效用经济学不能对这些语言行为作出解释,但甜言蜜语非常重要。1958年,政治学家爱德华·班菲尔德写了一部关于意大利南部某村庄的经典作品《落后社会的道德基础》,这是该思想在现代社会科学中的早期范例:"在一个由'去道德化'的家庭主义者构成的社会中(班菲尔德称他们为"去道德化"的家庭主义者,是因为他们把家庭视为唯一与道德相关的对象,就像在《黑道家族》中一样),除非是为了自身利益,没有人原意推进社会的进步。"这一思想也是几千年来文学创作所期待的,莎士比亚戏剧大多都在探讨这一主题。班菲尔德提出的本身就是一个不可能性定理。效用最大化不需要考虑语言因素,这一点和克拉默、赫希曼或埃莉诺·奥斯特罗姆理论中的健谈者们不同。班菲尔德笔下的意大利南方人遵循的只是非合作博弈的原则。

然而,博弈论和博弈游戏中最古老且明显的一点是,游戏规则可以通过对话,以约定的方式进行修改。在早期的国际象棋中,象一次只能移动一格。后来规则变成了可以无限地移动,才出现了对于象的牵制战术。很久以前,在爱荷华城,乔尔·莫基尔和马尔加利特·莫基尔这对以色列裔美国朋友到我家做客,和我们夫妻俩玩了一场大富翁游戏。我们本以为是相当高明的大富翁玩家，势在必得。比如我们会运用官方的一阶原则，总是立即在买下的地皮上建造房屋，尤其是在纽约大道三块橙色的棋格之上。但莫基尔夫妇俩竟轻而易举地击败了我们，因为他们擅长在官方游戏规则的宽松框架内，建立二阶规则，提出附带交易，比如有条件地减免租金。"你把你的纽约大道卡以1 000美元的垄断金卖给我，如果你下次再走到这里，我保证不收你租金。但只能免收两次。"正如政治学家埃莉诺·奥斯特罗姆和她的经济学同仁罗伊·加德纳等人所说，无论想不想要，甜言蜜语总会出现。事实上，过去几十年间实验经济学一再表明，允许实验对象通过交谈建立关系会大大提高合作的程度。允许孩子们交谈，他们就突然愿意合作了。市场上也是如此。

"语言的约束过于软弱无力，"托马斯·霍布斯称，"如果对某种强制力量不存在畏惧心理，就无法束缚人们的野心、贪欲、愤怒和其他激情。"哦，不，暴躁的托马斯。言词有时确实会蒙蔽公正的旁观者，但正如谚语所说，它至少能提供建议。因此，德玛蒂诺说的没错，即使是经济学家也会因为"追求真理、不搞破坏"的真诚誓言而感到羞愧。商业之本是"好的，值得信赖的最大化"这份口口相传的信任，而不是"糟糕的、陈腐的效用最大化"中包含的无尽的怀疑，试图在沉默中以非合作、萨缪尔森式的方法实现效用最大化的人，只会达到自己反社会的目的，根本不值得信任。

对唐纳德·特朗普来说，其商业和政治实践之所以不能大获成功，是因为他系统性地背离了人际互信合作的每一个要素。他

第二章 亚当·斯密实践了人文经济学，我们也应如此

从未向分包商支付他承诺过的款项，而一旦遭到投诉，他总是会控告分包商。先是商人，后是选民，都对他的行为感到震惊，然后变得愤怒。

效用最大化不是人的意义，这一点我们可以从每个母亲以及自杀式爆炸袭击者的经历中看出。罗伯特·弗兰克作为行为主义经济学的创始人之一（我不赞成这种经济学，但我欣赏这个人），曾明智地说道，"一个人喝了他汽车里的润滑油后不久就去世了，如果我们断言他一定对润滑油有强烈的兴趣，那就没办法真正解释任何事情。"讨价还价的设置取决于人们所讲的故事。效用最大化只顾自己，不管别人死活，而语言、信任、甜言蜜语、谈话，这些都取决于超越效用最大化的道德承诺。

仅在经济学领域，探讨这个问题的文献数量也在逐步增长，克拉默、弗农·史密斯以及赫伯特·金蒂斯都曾对此进行研究。人类在面临制约时的一些行为可以超越常规的逐利心态，包括探索发现以及其他行动，弗里德里希·哈耶克和伊斯雷尔·柯兹纳等奥地利学派经济学家在很久以前就注意到这一点并认识到了这些行为的重要性。但即使是奥地利学派的学者也大都没有认识到语言的作用，这是他们历代学生都在努力克服的缺陷，尤其是乔治·梅森大学的学生。在路德维希·拉赫曼的启发下，已故的乔治·梅森大学学生唐·拉瓦生前率先开创了此类项目。然后唐纳德·布德罗、杰克·海伊、凯伦·沃恩、彼得·勃特克、丹·克莱因、劳伦斯·怀特、维吉尔·斯托尔和艾米丽·查姆利–赖特等人紧随其后。乔治·梅森大学以及其他地方的新奥地利主义者（如纽约大学的马里奥·里佐、鲍尔州立大学的史蒂文·霍维

茨和北密歇根大学的大卫·普赖奇科）指出，真正的探索发现似乎就是偶然发生的。这和柯兹纳对另一个象棋隐喻"吃过路兵"的评价类似，"单独的冷凝器能使蒸汽发动机效率更高"和"尊重资产阶级会促进经济增长"都属于这类发现。真正的发现（乔尔·莫基尔称之为宏观发明）不可能按部就班地进行，否则在人们知道它们之前，它们就会被人提前得知，这就是一个悖论。然而，一旦新发现是由柯兹纳口中的"警觉"促成的，这个苗头则需要借助甜言蜜语才能成功。一个想法在被带入人类对话之前仅仅是一个想法。因此，现代世界的运转依赖甜言蜜语，如果经济是一块手表，甜言蜜语则是手表的发条。

第三章

经济史说明了非人文经济学的问题

在经济学中，亚当·斯密式的人文经济学自然而然地实施在经济史研究领域。经济史是对苏格兰、法国或中国等经济体发展历史的研究。这种应用之所以是"自然而然地"，是因为在经济史研究中有一项惊人的方法可以用来探寻逝者的思想，那就是阅读，然而许多经济学家都摒弃了这项技能。阅读是倾听的一种形式，让我们可以真正倾听经济活动中人们的语言。我们可以知道逝者的所思所想，这非常了不起。简单的外部测量，如对流向大脑不同部位的血流量进行检测，或许可能对某个单一研究目的有用，但还远远不够。如果头脑和语言将人类和蚂蚁、黑猩猩视作同等事物的物理证据以及（部分）行为证据进行抗衡，那么使用这种"读心术"式的研究手段则是大有裨益的，对经济学研究来说则相当重要。经济学，尤其是历史经济学，不能只靠行为和血流量说话。

因此，我们也许能够在当今的经济史中，尤其是在经济史的前期近景中辨别出经济学的未来。但实事求是地说，行为科学主义很可能在未来十年左右的时间里继续主导经济史学家,这是与实际科学截然不同的船货崇拜。

例如,我很担心经济史中的"分析性叙事",这在诺斯式[1]的新制度主义者中很流行。当然,经济史对经济学的贡献在于其对经济行为的部分阐释,已故经济史学家和宏观经济学家理查德·萨奇进行的论证和展示令人信服——与更常见的快照相比,经济史的阐释更像是一部电影。经济史研究的问题在于缺乏有意义的定量测试。历史上,量化在新制度主义中并不多见。如果经济分析与经济史上的一些小片段"一致",那就"万事大吉"。程序是逻辑实证主义的一种僵化形式。人们希望看到的是量化的活力,比如杰弗里·威廉姆森写的经济史(一般均衡模拟的魅力何在),或者看到定量研究的人文主义替代品,如严肃的比较历史家亚历山大·格申克龙的经济史。两者任选其一或者结合起来都可行。

如果理论指的是经济观点,那么即使只是定性、分类的观点,也没有一个聪明人会反对。经济观点无论是以数学、图表还是文字的形式出现都不重要。这个观点可能是信息不对称的,例如信号、进出口、可计算的一般均衡、产权、交易成本等等。很好,但如果我们所拥有的只是分析性叙述和定性定理,且从未在现实中对其进行检验,即使是大而空的测试也没进行过。那么从科学角度说,我们又拥有什么呢?

---

[1] 道格拉斯·诺斯(Douglass North):是新经济史的先驱、开拓者,也是新制度经济学的创始人之一。

第三章 经济史说明了非人文经济学的问题

你会回答,我们用计量经济学做了测试。近期,科学主义指导下的历史经济学把计量经济学当作了唯一的测试工具。

不,我们不用它来测试,并且它也不是正确的工具。第二次世界大战以来,单由计量经济学判定的重要经济事实根本没有多少(在我另一本书中将给出详细解释)。罗伯特·福格尔为他的研究《1964年铁路和美国经济增长:计量经济学史研究论文》添加了带有"计量经济学"字眼的副标题。但是即使根据1964年的原始定义,福格尔也并没有使用计量经济学方法,他用的是模拟法。大约在同一时间,我和经济学家里奇·韦斯科夫在哈佛担任约翰·迈耶的研究生研究助理,帮他编辑由他和阿尔弗雷德·康拉德合著的论文,这篇论文收录在一本名为《奴隶制经济学:计量经济学史的其他研究》(也于1964年出版)的书中。事实上,迈耶和康拉德使用了模拟、会计和经济学的思想,却几乎没有用计量经济学中的t检验。例如,迈耶的模拟实验之一是对19世纪末英国经济增长的投入产出进行研究。(一段时间后,作为一个对投入-产出上瘾且正在恢复期的人,我意识到这一工具对于解释增长毫无用处,尤其是在商业周期单次复苏之后的增长。从此我开始了缓慢的领悟,这里我说它"缓慢",是因为正如序言中所述,真正的领悟是"40年后"才完成的。我意识到,列昂惕夫的投入产出理论以及萨缪尔森的生产函数对日常活动的分析是机械的、马后炮式的。在这种分析中,今天和昨天是一样的,但我们并不能由此确定为什么现代世界的创造力大爆发。)

康拉德和迈耶的书名取自对美国奴隶制利润的模拟和计算。尽管迈耶当时是应用计量经济学领军人物,康拉德曾在简·丁伯根开设在鹿特丹的著名工作坊（这个工作坊就是计量经济学的发源地）工作了一年时间，这本书仍然没有运用计量经济学。当然，将超平面运用到观测数据上没有错，我的一些好朋友也在进行此类研究。用 t 检验选分析中的取重要变量，那么无害的数据多元回归分析法就转变成了船货崇拜。t 检验不能用来选取分析中的变量，如同美国统计协会的意见，但大多数经济学家仍然认为这是可行的。

通常来说，经济学研究生院对定量方法的培训完全可以由计量经济学的三个术语概括，我当年上的课也是如此（迈耶教一门课，其余的课都是模拟实验先驱盖·奥克特教授的）。这些课程没有提供其他实验方法的培训——比如模拟（由迈耶、奥克特、芭芭拉·博格曼等人提出，尤其适用于当时的农业经济学）、档案研究、实验设计、调查、绘图、国民收入核算、严肃自省（毕竟，我们的确是经济"原子"）。"测试，测试，还是测试！"计量经济学家大卫·亨德利如是说。问题是，亨德利口中如此重要的测试现如今已经破产了，理论家肯尼斯·阿罗在 1957 年就指出了这一点。现在我再说一遍（查查吧，伙计们），美国统计协会的统计学家已经开始同意阿罗的观点了。

让我们回归到伟大的经验主义者亚当·斯密身边吧。

第四章
经济科学需要人文学科

我所列举的事实已经够多了。我希望经济史和经济学发展成什么样？我有哪些充满希望，但短期内不切实际地预测？简单来讲，我希望经济史一直都是经济学和历史学中的科学部分，但在扩展到人文经济学的过程中，变得比现在更科学。

然而，正如我已经简要指出的，要意识到"science（科学）"这个词在英语中是一个大问题，并且一直在误导经济学家和经济史学家，让他们试图模仿自己想当然的物理学研究。在从法语到汉语的所有其他语言中，"科学"的本意仅为"系统的调查"，区别于随意的新闻报道或没有依据的观点。例如，德语中的"Geistswissenschaften"直译成英语是听起来很怪异的"spirit sciences（精神科学）"，这是德语中人文学科的常用词。荷兰语中的"kunstwetenschap"意为艺术科学，就像现在英语国家的人所说的"艺术史"或"艺术理论"一样，而且只有在现代英语中"艺术史"和"艺术理论"这两个词才泾渭分明地隶属于人文学科。在意大利，一位母亲自豪地谈起她十二岁的女儿学习很好，她会说"mia scienziata",这个词用现代英语说起来就很奇怪,意思是:"我的科学家"。

在早期英语中,"Science"也是"Wissenschaft""Wetenschap"或"Scienza"所表达的意思。因此,亚历山大·蒲柏才在1711年写的《论批评》(第221—224行)中提到:"我们的眼界所见有限,前瞻既不远,后顾又不见;但再往前,会惊奇地发现,远处胜景层出,那里新科学无限!"这里的科学指的并非对自然哲学的模仿。19世纪中叶,由于牛津和剑桥的化学教授席位之争,"Science"这个词才开始专门用于对物质世界的系统研究。在《牛津英语词典》中,这个从19世纪60年代开始慢慢采用的新含义已经被收录在这个词的"5b"义项中。并且词典编纂者提醒我们,这个义项现已成为主导含义了。

在之前一个半世纪中,人们使用"Science"这个词的方式引发了"经济学是否是一门科学"这样无休止地愚蠢争论,并且让自然科学家以此为由傲慢地嘲笑社会科学(也有无知的人认为我所使用的"船货崇拜"的笑话是费曼针对社会学提出的)。然而,就算我们认定经济学、经济史以及社会学不是科学,这对实践又有什么影响呢?也许我们这些社会科学家会被国家科学基金会和国家科学院强制开除,这既可悲又没好处。但是这种驱逐会改变经济学或历史学科的实践吗?有可能,但只可能会变得更好。

在实践过程中,无论是物质、社会还是概念问题,范畴定性都是人文学科中的任何系统性研究都必不可少的。人文学科,如文学批评、数论和神学,都研究范畴问题,例如:好还是坏、抒情诗还是史诗、十二音还是旋律、红巨星还是白矮星、人类还是智人、一神论还是多神论、质数还是非质数、意识还是非意识、存在还是虚无。在两种文化的比较中，最关键也最容易被忽视的一点是，你必须通过明确的定义知道你的分类标准是什么，比如萨皮耶人智人和尼安德特人智人的定义分别是什么，然后你才能将其归类。尽管对反人文主义经济学家乔治·斯蒂格尔斯、迈克尔·詹森斯或穆瑞·罗斯巴德来说并非如此，但这种研究方法的倾向仍是显而易见的。

例如，经济理论处理定义以及定义之间的关系，有时我们称之为"公理"，或者用经验科学的术语将其称为"推导"。经济理论理应完全划分为人文研究，这很恰当。理论中的事物是按照类别划分的。罗纳德·科斯说，交易成本可能很重要，所以我们要据此对它下定义。埃尔文·费雪和米尔顿·弗里德曼说，也许货币数量论是成立的（MV = PT）。弗朗西斯·伊西德罗·埃奇沃思和萨缪尔森说，（dU/dx）/（dU/dy）等于 \$Px/\$Py 可能是对的。像路德维希·冯·米塞斯等奥地利学派的经济学家，以及凯恩斯、米哈尔·卡莱斯基和乔治·肖克等非奥地利学派的各派经济学家都提到，市场上的失衡事件可能比平衡事件更易发生。经济理论家伊斯雷尔·柯兹纳和如今的经济史学家迪尔德丽·南森·麦克洛斯基称，相比于常规功能及制度的日常积累或最大化，创新发现对人类进步的作用更大，常规手段可能是手表中必要的齿轮，但并不是提供动力的发条。

在经济理论化的层面上，所有经济科学家都是人文主义者。在研究实际市场的历史之前，他们进行的就是"分类"及"推导"的工作（尽管他们通常不会对实际市场进行研究）。2006 年让·梯若尔（2014年诺贝尔奖获得者）出版的金融理论教科书收集了数百种理论，但没有充分论证哪些理论适用于实际金融市场。无论好坏，他的书在实践人文主义方面，和康德的《纯粹理性批判》或拉马努金关于数论的笔记是一致的。

有些定义及其相应的定理是明智的、有用的，有些却是愚蠢的、有误导性的。在应用这些定义、定理对客观世界进行定量研究、比较或其他事实调查之前，人文学科和人文学者会介入各个学科对此类问题进行研究，提供或多或少的论据，以证明对某特定范畴的定义是否明智。人文学科是对人类思维及其古怪产物的研究，如约翰·弥尔顿的《失乐园》、莫扎特的《长笛和竖琴协奏曲》（K.299）、所有质数对的集合以及国内生产总值的定义等。这些研究都依赖于对类别的区分，例如是跨行连续还是跨行诗句，是独奏协奏曲还是二重协奏曲，是质数还是合数，是市场产品还是非市场产品（例如我们正在使用的东西）等等。上帝不会告诉我们这些东西属于什么类别。我们得自己分类。

20世纪初，许多经济学家和科学家，如伟大的英国统计学家卡尔·皮尔逊，认为"雅利安人"很聪明，能对思考经济和社会问题做出贡献。之后，皮尔逊的观点在他1925年发表的文章中也有所体现："从平均水平来看，外来犹太人的男女身心发育水平比本族人略逊一筹。"早在1900年他也写过类似的观点："坏畜生只能生出坏崽子。"大约在那时，尤其是美国进步派中的领军经济学家，对这种种族主义抱有强烈的热情，主张诸如移民限制（后来在3K党"善意的帮助"下立法成功）、最低工资（现代进步派仍在捍卫）以及强制绝育（1927年，小奥利弗·温德尔·霍姆斯法官说："有三代低能儿就够了"）等政策，以实现优生结果，让雅利安种族"至善至美"。后来，我们经历了令人惶恐之至的事情，并进行了额外的思考，认定除了区分智人之外，其他任何对"种族"的定义实际上都是愚蠢、有误导性甚至邪恶的。这一决定本身取决于对有益——有害、明智——愚蠢、善良——邪恶等人文范畴的反思。

请注意，作为人文学科研究的初始步骤，范畴划分的必要性不仅适用于人类科学，也适用于物理、生物科学。科学家也是人类，他们会问自身感兴趣的问题，例如 β 衰变的重要性，所以意义是具有科学性的。这是托马斯·库恩以来科学研究的主要结论。丹麦物理学家尼尔斯·玻尔在 1927 年写道："物理学旨在发现世界是什么样的，这样想是错误的。物理学关注的是面对世界我们能说些什么。"我们要说些什么必须运用语言。关于德语中"geisteswissenschaftliche（精神科学）"的范畴，德裔美国诗人罗莎·奥斯兰德在 1981 年写道，"一开始，这个词出现，它与上帝同在。上帝将这个词赐予我们，我们生活在其中。这个词就是我们的梦想，这个梦想就是我们的生活。"

由于外部世界和内在因素等限制，我们在自身生活中的隐喻、故事、理论或事实中都渴望着各种范畴。有了这些分类标准，我们就可以建立自己的模型，讲述自己的经济史，同时塑造自己的生活，尤其是生活中的科学研究，我们要对世界说些什么。诗人华莱士·史蒂文斯走在基韦斯特的海滩上，对他的同伴惊呼："哦！神圣怒火呼唤秩序，苍白的拉蒙，造物主狂暴地规范海洋之语"，人为组织语言，给世界上喧嚣繁芜的困惑带来了秩序。关于在海边唱歌的女人,他们听到了她的歌声,史蒂文斯吟诵道,"当她唱歌时,大海,不管它有什么身份,都变成了自我,那是她的歌,因为她是创作者"(史蒂文斯受过古典教育,在这里我们注意到希腊语中的"poiemis"是英语中"poem(诗歌)"的词源,意为"创作者",例如创造一首抒情诗的人)。

这种想法绝非是可怕的、疯狂的、法国式的、后现代的或虚无的。科学中最"费力"的部分依赖于人类脑海中的范畴,也就是人类的修辞和诠释学,即科学中关于人类听和说两个方面。例如,对于"资本积累"这一范畴,我们可以将亚当·斯密的理论、马克思主义、凯恩斯主义三者结合,以一种集成的方式来定义;也可以用奥地利学派仅考虑行为的方式进行分解式的定义。定义对科学研究很重要,它能改变我们接下来要衡量的事物,或者至少通过现有政策或政策的缺位,对将要研究的事物进行谈论或提出建议。凯恩斯式的定义恰好符合精明的政府经济学家提出的投资社会化政策。因此,1936 年凯恩斯在没有证据的情况下写道,"国家(注意他对 State 这个词首字母的大写)能够做到目标长远,并在综合社会优势的基础上计算资本货物的边际效率……(应该)在直接组织投资的过程中承担更大的责任。"奥地利学派的定义更适合将投资者独立出来的政策,因为他们最了解自己的项目信息,项目失败了他们就会受到直接惩罚。经济学理论中的人文工作就是思考这些范畴问题,揭示它们的内在逻辑,进行批判和提炼,就像英语系和物理系每天进行的研究一样。

虽然我说人文学科"划分范畴"的步骤对于科学思维来讲是非常必要的,但在像经济学这类的描述性科学中,"划分范畴"

第四章 经济科学需要人文学科

并非科学研究的全部工作。这一点经常被经济学家忽略,因为他们迷醉在"追求秩序的神圣狂热"中。简单地说,理论不是科学。正如人们可能有一种针对史诗或协奏曲的理论,从未实际应用过,却碰巧在现实世界中对作品进行了愚蠢的曲解。

像肯尼斯·阿罗(1921—2017)或弗兰克·哈恩(1925—2013)一样致力于建立此类的人文主义理论是非常好的。但是人文理论并不能完成全部的科学描述性工作,除非能在某种情况下将人文理论与实验、观察、自省或其他针对现实世界的严谨测试密切结合。阿罗和哈恩两个聪明人在论证抽象一般均衡理论时所做的大部分工作都并非如此。小亚瑟·戴蒙德研究了该理论的经验用途,结果却什么也没找到。

这是意料之中的。如果你想要提出定量的观点(当然,世界性的科学研究都要求定量观点,比如在物理学中,或者在对过去日常商业生活的研究,即经济史中),那么在人文主义分析之后,你必须着手进行 β 衰变的实际计数,或者对欧洲和中国进行测试性的比较。统计14世纪40年代末欧洲死于瘟疫的人数,然后比较瘟疫对中国的影响。瘟疫从哪里来,在哪里造成了类似的破坏。由此指出,将1750年后的经济大爆炸归因于1348年疫情对欧洲人口的冲击并不合理。如果这个理论成立,为什么疫情在他国没有产生同样的影响?

然而在经济学中,后续的计数或比较一般不会发生。因为经济学家认为定理的运用等同于对事实的"洞察",统计意义"检验"了理论的现实价值。因此,他们指出理论和计量经济学可以更专门化一些,然后再进一步。别管实际交易。据说这个过程模仿了物理学，但是经济学家并没有弄清物理学研究实际上是如何运作的。从恩利克·费米和理查德·费曼的生活和著作中可以看出，物理学家，甚至理论物理学家，都把大量的时间花在研究物理学史的经典刊物上了，就像经济学刊物《经济史杂志》。

那又怎样？让我来告诉你。经济史，然后是经济学，应该遵循人文主义的指引，改正当前幼稚的反人文主义倾向。当我们经济学家不再为"经济学是否能称为科学"这一问题而焦虑时，人文主义在经济学中就能占有一席之地了。

历史经济学家处于有利位置，能自然地运用人文经济学，例如在商业史和经济史相融合的过程中使用人文经济学视角，这就是长期以来威廉·拉佐尼克敦促我们做的事情。但要做到这一点，显然需要我们抛开自己对"科学家"身份的焦虑，听取所有与经济相关的证据，无论这些证据是棉布出口统计数据、霍姆斯特德罢工期间安德鲁·卡内基给亨利·弗里克的电报还是18世纪英国戏剧。比如最后一项英国戏剧就能提供有力证明，证实在18世纪初的几十年间，英国社会对商业的态度发生了根本性转变，而在德国、意大利和西班牙，这种变化要小得多。

而我的经济学同事们正在行为主义经济学研究的道路上步履维艰，他们忽略了人的意义，固守于20世纪30年代心理学的研究方式，认为只有外部行为才重要。神经经济学家研究大脑，但忽略了思维，就好像通过对亚莎·海菲兹手臂肌肉越发细致的研究，我们就可以理解他演奏小提琴的奥秘。同样，新制度主义向我们讲述的是无意义、无头脑的效用最大化历史，然而推崇者却

第四章 经济科学需要人文学科

坚信无意义才是真正科学的标志。

对于经济史学家来说，最好的解决方案就是不要对劳动力市场最新的"当前政策问题"穷追猛打，比如所谓的不平等加剧。尽管不可否认，由于被目光短浅的同事裹挟，年轻学者很难摆脱这种诱惑。对于研究国家财富的性质及成因的经济学来讲，想要确定学科中具有永恒价值的话题，单靠电视、报纸和当前的政治学提供指导是远远不够的。如果通过太窄的窗口看待经济学或经济史，我们进行科学研究的方式就是错误的，并且会伤害到我们的同胞。福格尔曾经告诉我，他选择研究课题的原则是对未来50年内最为重要的事情进行研究。这就是为什么他在20世纪70年代早期放弃了对美国联邦土地政策历史的一些初步研究。他所追求的是更真实的科学。

在经济史上，未来50年的重要议题将是贫困及消灭贫困；在政治史上，重要议题会是暴政及暴政的终结。贫困和暴政都被消除了，其他问题也会接踵而来。所以我们最好还是坚持研究重要的问题，对吧？

第五章
这只是常识和知识自由贸易的问题

坦率地说，经济史和经济学都需要觉醒了。为此，经济史学家罗伯特·华普莱斯曾写过一篇文辞优雅、有理有据的文章进行呼吁，我同意他的观点。觉醒的罗伯特在把道理讲清之前并未发声，而且，正如他所说，我们经济学家们往往只把数字看作能够传播的道理。的确，他还说，我们使用数字的习惯将历史学家驱逐出经济学研究的领域，在他们被进一步卷入对种族、阶级和性别的非数量研究之后更是如此。双方现在渐行渐远，都不会认真阅读对方的学术成果。罗伯特引用了一位年轻的历史经济学家的话，他误用"族群"这个非常古老的词代替了"阶级"这个相当新的词。另一方面，单纯研究历史的历史学家认为，不会使用数字，他们也可以充分研究种族、阶级和性别，当然这里指的是除了书本页码之外的数字。例如，看看最近棉花王国学派关于美国奴隶制历史的书，比如斯文·贝克的书，以及艾伦·奥姆斯特德和保罗·罗德对该作品毁灭性的定量批评。放心好了，单纯的历史学家是不会相信计算结果的。

糟糕的经济学

然而，罗伯特在书中引用了经济学家和经济史学家激烈而无知的争论，这表明使用定量方法研究社会科学的经济学家们没有抓住人文学科的重点。一位年轻的经济史学家对罗伯特说，"每当我读历史学家的作品，我的反应都是——没有数字证明怎么能这么说？你有数据吗？"许多社会科学家，尤其是那些受过经济学训练的人，坚信数字的力量，正如开尔文勋爵在1883年所说的那样，"如果不能用数字表达，那你的知识就是贫乏且让人不满意的；这也许是知识的起源，但你的思想基本达不到科学的境界。"爱荷华大学、芝加哥大学的经济学家、伟大的弗兰克·奈特在谈到刻在芝加哥社会科学大楼上的座右铭时说道："是的，当你无法计量，无论如何也要去计量！"如今，年轻的经济学家如此狂热地相信开尔文的规则（和奈特的恶搞），和我曾经的经历一样，他们不仅没有背离自己的信念，还坚持收集那些相当无意义的数字，比如"显著性差异""1~3级的'幸福指数'"或者假设模型的"校准读数"，他们乐于这样叫，尽管让人很难相信。另一位芝加哥大学的经济学家雅各布·维纳，在谈到开尔文名言时他说道："是的，如果能用数字来表达，那你的知识就是贫乏且让人不满意的。"这表现出了一个真正科学家的谦逊，真正的科学家总是愿意考虑所有概念和证据。

开尔文对他的物理学是盲目自大的，许多现代经济学家对他们的t检验和一阶条件也一样傲慢。在原子能被发现的前夕，开尔文算出达尔文的理论一定是错的，因为太阳的年龄不可能仅通过化学反应就能燃烧数亿年时间，让达尔文的进化论成为可能（开尔文确信太阳的年龄不超过两千万年，和真实数值就差了230

第五章 这只是常识和知识自由贸易的问题

倍而已)。我们从文学或哲学中也可以学到一些东西,那些嘲笑这个想法的经济学家有着和开尔文同样的信念,即他们已经从专业角度掌握了真理,不需要和任何具有不同才华的人进行知识贸易。罗伯特的一个"忠实信徒"说,"为什么要读历史?那些研究都是滞后的。他们撇开价格讨论'供给'和'需求',并且他们谈论的是需求而不是选择。"一个公正的上帝会因为这些罪人愚蠢的骄傲而惩罚他们,我在大约25岁时也有过这种骄傲。在哈佛广场林登街上,我们在亚历山大·格申克龙为他的研究生提供的经济史研习班门上贴了一句格言:"给我们数据,我们就能完成工作。"真可悲。神啊,保佑我吧,因为我犯了罪。

我同意罗伯特的观点,但在他的论述之外我还得再强调一点。在对社会运转进行研究时,如果经济学和历史学的结合能让我们有所收获,那么倾向于人义主义的历史学家和倾向于数字、数学的经济学家就要展开合作,此时我们就需要一门人文主义的经济学,即人文经济学。

从马克思的剩余价值到道格拉斯·诺斯的制度激励,唯物主义和反人文主义版本的经济学无法解释"现代经济发展的奇迹",这是罗伯特的某位受访者对其恰当的称呼。这是一场伦理、修辞、意识形态和人际关系的变革,正是"不科学"的人文主义者所研究的那些东西,这场变革造就了现代世界。如果这是真的,这一发现将具有重要的科学意义。维多利亚时代的旅行作家、不可知论者亚历山大·金莱克建议,每个教堂的前门都应该有一个大大的标志"如果是真的,那就很重要"。因此,无论是由经济学家还是历史学家提出任何其他问题,经济史研究目前最重要的问题莫过于为什么经济大爆炸和大规模减贫最初能开始,尤其是为什么会持续。这种延续使我们比祖先们更富有、更自由、更有能力实现人类的繁盛。经济大爆炸在欧洲西北部以外的延续(令人意想不到的是,大爆炸目前在中国和印度延续得最为壮观)表明整个世界都可以如此。这证明了欧洲在"种族"方面并没有什么特别之处。同时也证实了,自由的人民在社会中进行了商业检验过的改良后,马尔萨斯的诅咒是无法实现的。

罗伯特的书中写到,经济学家和历史学家之间愚蠢的战争意义在于:如果思想、伦理和修辞(即在部分人权自由的国度进行民主性说服)在很大程度上促成了经济大爆炸这样的幸福结果,那么也许我们也应该将社会研究的"望远镜"对准思想、伦理和修辞等目标。贸易、帝国主义、人口统计学、工会或财产法尽管都很有趣,但仅专注于这些主题并不能完成全部的科学工作。从1890年到1980年,思想这一历史中的暗物质被人们忽视了大约一个世纪。在那些日子里,我们都是历史唯物主义者。即便是历史学家也固守着历史唯物主义(例如1913年比尔德所著的《美国宪法的经济解释》),经济学家也从未摆脱其影响。正如乔尔·莫基尔痛陈的,每当有人暗示启蒙运动等思想可能产生了真正的影响,经济学家们就会生气。如果你不确定自己是否触及了他人心中不周的教条,比如"统计学"意义,或者包罗万象的唯物主义等,你可以通过他愤怒却无力的争辩来加以判断。

为了能够发现和解释思想这种暗物质,我们需要一种新的、承认思想的经济学,最起码要承认语言塑造了经济。我认为,在经济学这样一门人文学科中,其研究方法将和如今的数学、统计学方法同等重要。人文经济学能够将经济学对人类社会的承诺付诸实践，正如同科斯、格申克龙、哈耶克、阿尔伯特·赫希曼、斯坦利·勒贝尔格特以及近些年的一些经济学家，如阿乔·克拉默、彼得·博特克和巴特·威尔逊等人在利用了所有的证据后偶尔能做到的一样。在这样一门研究自由贸易的经济科学中，研究者将细读文学文本并在电脑上进行模拟，分析文本中的故事并建模求解最大值，用哲学方法阐释并用统计学方法计量，对文本神圣部分的意涵进行探究，同时对司空见惯的部分进行解释。人文学科和社会科学的研究者将停止相互嘲笑，开始阅读彼此的书籍，旁听彼此的课程。他们会认真合作完成科学任务，而物理和生物科学领域的研究者都会认为这种做法是理所应当的。

然而经济史学家会抱怨，"哦，天哪！那我就得学新东西了。"杜鲁门总统说过，"最糟糕的专家是那些不想学习新东西的人，因为那样他就不能再被称为专家了。但是，要成为一名优秀的科学家，你必须成为一名学者，不能像你通过博士考试的那天一样，仅满足于熟练掌握工具变量和效用最大化。"专家和好科学家不一样。在易卜生1891年的戏剧中，赫达·加布勒嫁给泰斯曼教授之后过得并不幸福，他是对世界文学展开研究的两位经济史学家之一。赫达对朋友说："泰斯曼是个专家……你应该试试！从早上、中午一直到晚上，除了文明史，我没听过任何别的话……而且还都是中世纪的国内工业史！"

根据现有的研究生教育，想要超越一个中世纪国内产业领域的专家并非难事。一个聪明的人文主义者可以在几年内学习到足够的数学和统计学知识，来研究它们在经济学中的应用。一个聪明的经济学家,虽有诸多困难,但也可以在几年内学习足够的修辞和细读知识,以探寻它们在英语文学中的应用。阻碍这种科学合作的是轻蔑无知,而不是任务的难度。

人文经济学建立后,我们将拥有完全科学的经济学,能够从历史中习得新知。经济学家也能雇佣那些对美国内战何时开始、英国何时获得良好财产权这些问题毫不含糊的人。"这很哲学化"将不再带有蔑视含义,"理论指出……"也不再是赞扬的代名词。

然而,只要经济学体现出幼稚的反人文主义信念,历史学家和经济学家就会相互排斥,就像开尔文研究的磁铁,或彼得·纳瓦罗想象中的非贸易国一样。让我们反对骄傲的无知和知识的专制,为常识的崛起而欢呼,为尊重思想的知识贸易兴起而祈祷吧。

第六章
毕竟甜言蜜语统治自由经济

针对上述提到的具体事例，我将给出实证数据具体证明，这些量化数据会让我们严肃对待"甜言蜜语"在经济中的作用，进而严肃对待人文学科在经济研究中的角色。人文学科对"甜言蜜语"这一主题进行了缜密地讨论。

证据表明，在一个由自由人组成的社会中，大约1/4的工资收入都来自资产阶级和女性的被说服，但这种被说服并非是强制性的或者被命令的，而是真正地劝说，即能改变他人想法的交谈，我很确定是这样的。相比之下，通过其他方式如身体被胁迫（要钱还是要命）或用金钱激励（你被解雇了）等实现的行为改变则和上述改变效果不同。在自由的人群中，甜言蜜语还是能起到主要作用的。

这么一说，人们会立即想到广告，但广告仅占甜言蜜语效果中非常小的一部分。广告以及商业言论自由激怒了某些知识分子，因普罗大众购买"没有品位的东西"而不满。这些知识分子更喜欢假期里在南极观鸟，在西村高档临时寓所休闲放松，或者购买关于改进人文经济学的好书。自从维布伦[1]之后，美国知识分子就一直声称大众正被一小撮广告商所控制，广告商愚弄他们买下次品。因此，人们购买可乐、煤气架和汽车都是因为广告隐形说服的效果，用知识分子最喜欢的词来说，这是一种效果惊人的"操纵"。

对于马歇尔学派或奥地利学派的经济学家来说，美国人把这种巨大的能量归因于几十秒的电视广告是荒诞的。如果广告真的具有某些知识分子"赋予"它的权力，那么仅仅通过写广告词就可以拥有无限财富，比如"已经烤好了"这种著名的广告词。然而广告收入却还不到美国国内生产总值的2%，而且其中大部分广告信息毫无争议且不具操纵性，如商店招牌、网页条目等。万斯·帕卡德在1957年发表了《隐藏的劝说者》这篇对广告的批判文，他以为自己会得罪在麦迪逊大道[2]这条"时尚街"上工作的朋友们。事实上他的朋友们反倒很高兴，有的朋友甚至走过来对他说："万斯，在你的书出版之前，我很难向我的客户证明广告是有效的。但是现在他们都认为广告像是魔法。"

那么，在一个自由交易的社会里，如何确定甜言蜜语有多大作用呢？我们可以列出详细的就业类别，并推测每个类别花在言语说服上的时间比例，进而说明这一问题。例如，《美国2007年统计摘要》，表602在"按职业分类的就业公民"中列出了大约250种职业，从中寻找那些包含大量甜言蜜语的工作，或者反过

---

1. 维布伦：美国数学家。
2. 麦迪逊大道：在纽约曼哈顿区，因美国许多广告公司的总部都集中在这条街上，因此这条街逐渐成了美国广告业的代名词。

第六章　毕竟甜言蜜语统治自由经济

来，列出不包含甜言蜜语的工作。在诚信经济中，12.5 万名"房地产估价员和评估员"表示并不会被语言说服，每个对自己的房屋进行过评估的美国人都知道这一点。24.3 万名消防员表示只是单纯地做他们的工作，很少说话——但是通过这个例子还是能看出"甜言蜜语"在现代经济中扎根有多深，或由此可见它在非现代经济中的地位，比如在起火的建筑中，消防员实际上做了大量的谈话工作，有时还会进行紧急地劝说工作。12.1 万名飞行员和飞行工程师会说服我们系好安全带，直到飞机安全抵达，安全带警示灯熄灭后才能解开。这只是他们工作中很小的一部分，我们还要考虑到他们作为机长经常承担的重要监督角色，以及保持机组成员合作时所需的语言沟通。在与控制塔进行有说服力的交谈时，还要考虑到是否会由于文化差异引起沟通灾难。西方常见的直截了当地谈话方式在东方有时被认为是不礼貌的，有档案记录表明，机长在请求紧急着陆许可时，由于说话过于唐突导致沟通不畅，最后撞机的案例。但是统计数据把这些职业放置一边，认为它们并非是说服性的工作。

对于 149.1 万名建筑工人，他们的工作并不需要有说服力的语言，除了搭讪一个过路的漂亮女孩，就像是电影《哭泣的游戏》中的情节那样。但是任何从事过这种工作的人都知道，与你的同事默契地合作、能让老板放心、做一个普通的男人或女人的重要性。这都需要甜言蜜语，没有甜言蜜语工作就会不顺利。但统计数据还是把这些工作划分为另一类。

2005 年美国 1.42 亿名在职公民中，有 103.1 万名律师和法官（这些数字的比例随着时间的推移变化不大，所以正是我们寻求的比例）把 100% 的时间都花在说服、为说服做准备或被别人说服上，这似乎是合理的。同样，15.4 万名公共关系专家和大量关于从事社会、娱乐和宗教相关工作的人（此类人员总共有 213.8 万人，他们都在劝说人们如何生活），如顾问、社会工作者和神职人员。好吧，如果你对此表示怀疑，我们可以把说服所占的时间比例设为 90%，即便如此，这个比例也已经很高了。

各行业的经理和主管是占比最大的一类，给他们设定较上组低一些但仍然很高的比例似乎也是合理的，比如他们 75% 的劳动收入来自甜言蜜语。在一个自由的社会里，即使工人们默声不作答，也不能被管理者专横地呼来唤去或殴打。他们需要被说服。从事美国人口普查局所谓"管理职业"的有 1 470 万人，占总劳动力的 10%，如担任恺撒永久研究所董事长兼首席执行官的乔治·哈尔沃森，或者曾经担任意利咖啡北美地区高级全国客户主管的丹尼尔·麦克洛斯基等。戴维·洛奇的小说《好工作》[1] 展现了一位英语讲师罗玢·彭罗斯的故事，她意识到总经理维克·威尔科克斯基本上就是一位说服者："有时他站在下属一边，就像老师和学生之间的关系一样，这确实让她感到震惊……她看得出来，他在试图教育其他人，哄劝他们以新的方式看待工厂的运作……这件事做得如此巧妙，以至于她有时不得不提醒自己，这一切都是出于利益动机，以此来调和自己对威尔科克斯的钦佩之情。"

对于 550 万分散在各个行业（建筑业、个人服务、赌博业）

---

1. 《好工作》：小说中英国政府安排了一次"工业年"活动，让大学了解现代商业世界。

第六章 毕竟甜言蜜语统治自由经济

的"一线主管",我认为他们同样凭借说服工作获得75%的收入。大学期间的暑假,我在公路建设公司工作,来自密苏里州的熟练工头格伦为了把沥青耙平,不得不说好听或难听的话(但无论如何都是说话)。再加上38万名个人财务顾问,15万名编辑和8.9万名新闻分析师、记者和通讯员,记住还有2005年以来爆炸式增长的博客作者和其他自由记者,他们正在运用自己的甜言蜜语博取关注度,有时还能得到报酬,这些职业并没有包括在以上统计结果中。记者们大多都觉得自己在作"直截了当的报道",这是追求新闻客观性的崇高梦想。但是即便没有很多修辞知识我们也知道,他们必须选择有说服力的事实,并且用甜言蜜语进行有趣的报道。同样,数量庞大的销售人员(1 340万,不包括310万收银员)虽然也需要预防商店盗窃事件发生,但将其收入的75%归因于甜言蜜语也是合理的。"这件衣服真适合你,亲爱的。"这种恭维的话有时甚至是真的。以我的经验来说,他们通常没错。自17世纪的欧洲开始,我们对修辞产生了奇怪的怀疑,夸大了销售人员说谎的程度,至少在尊重道德行为的社会中是这样(因为在讨价还价的经济中不会如此)。

工作中甜言蜜语所占份额能到50%的职位有:贷款顾问和负责人(共42.9万人,他们和法庭上的法官一样,是专业的说服者,在听了你的甜言蜜语并收集了信息后判断贷款请求行还是不行);人力资源、培训和劳务关系(66万人,"巴比特先生,我只是认为你在Acme没有太大的前途",想想乔治·克鲁尼在《在云端》中扮演的裁员顾问);作家和作者(统计数据中只有17.8万人,但有成千上万的人在博客上和作家群中写作,他们的作品没有出版，国民经济核算中也没有他们的收入记录，尽管一套正确的核算体系也应该包含他们的高昂收入）；索赔理算员和调查员（30.3万人）；以及一个非常大的类别，那就是811.4万教育、培训和图书馆职员，如大学教授（仅我们这个群体就有120万人）和幼儿园教师。"琼斯女士，学期论文请勿抄袭。""乖一点，约翰尼。"

也许131.3万名警察、治安巡警、侦探、刑事调查员、狱警和私家侦探只有四分之一的工作时间花在了说服别人上，尽管和我交谈过的人都把这个数字定得更高。看看2014年密苏里州的弗格森地区，警察为了逃脱罪责，几天内夜以继日地连续多日更改说辞。[1]

在医疗保健领域，任何有过工作经验的人都知道，甜言蜜语很重要，为病人着想，让他坚持服用降压药，与其他护理人员温柔交谈，与保险公司和医院管理人员打交道（这其中的一些人包含在以上管理类别中）。在"医疗保健和技术从业者"这个大类别中，我们可以将技术从业者列为不需要进行说服的职业，例如X光技术员、医疗记录技术员等等。不过要想干得出色，即便是这些职业也不能只是默默工作。眼科医生一直都在对你说："很好，没错。把头抬起来一点。很好。注意蓝点。很好。保持住。"这就是甜言蜜语。对于内科医生、牙医、护士、语言治疗师等人（医疗保健领域的说服者总共有760万名），他们要切实地与病人沟通，说服工作占了他们所产生的经济价值的四分之一，这样的

---

1. 此处作者指8·9美国警察枪杀黑人事件。

第六章　毕竟甜言蜜语统治自由经济

判断不无道理。我们可以进行一个心理实验，想象一个没有任何说服能力的语言治疗师（对于这个群体我很熟悉），而对口吃的孩子他只会说："看，温斯顿·丘吉尔、玛格丽特·德拉布尔、玛丽莲·梦露和乔·拜登都口吃，所以你不需要为自己口吃而感到羞耻。"想象一下，如果仅是信息传递而没有甜言蜜语，她或他会变得多么没价值。35.3万名律师助理和法律助理也属于四分之一这个范畴。四分之一的程度听起来有点低。

除了所谓的非说服类职业，如邮递员、公交车司机或"生命科学、自然科学及社会科学领域职业"（这其中也包括许多有说服力的经济学家和法学教授），以上我所提到的职业中从业人员加起来相当于3 610万名等价工人（这个数字是用工作中说服占比为90%的从业人数乘以0.9，占比75%的从业人数乘以0.75，占比50%的从业人数乘以0.5，占比25%的从业人数乘以0.25，然后将所有这些加起来的总数）。就2007年而言（此处我用的是2005年的分类），3 610万工人占美国私人雇员数量的四分之一，这个比例很惊人。如果用钱数来计算，这个比例会更高，因为从事说服工作的人中有大量的经理和主管（要记住，在1.42亿名工人中有大概2 000万名经理）。与被说服努力工作的工人相比，经理们的工资当然更高。

简而言之，我们将四分之一的劳动收入归功于甜言蜜语，但实际比例要比这高。对1988年和1992年数据进行类似计算，这些年份用的分类标准较现在略有差别，但是我们也得出了类似的结论。令人惊讶的是，自那以后，甜言蜜语在经济中所占的比重似乎没有明显上升，尽管如果仿照1988年和1992年的计算，将警察和医疗保健工作人员归入50%的类别，教育工作者归入75%的类别，2005年说服性工作的比重将上升到28.4%。奥地利学派经济学家格里·安蒂奥克重新计算了这些数据，得出美国2009年说服性工作所占比重为30%这一结论。

我们还可以利用现实的、符合经济规律的细节来改进这项计算。我们可以预见，人文经济学领域中可能存在成百上千个卓有成效的科学项目，但用这项计算就可以构思一篇非常好的博士论文。例如，正如我刚才所说，可以用劳动收入取代劳动者数量进行加权计算。职业类别可以进一步细分。可以更详细地考虑说服性劳动的边际产量，通过仔细对照说服性工作报酬和非说服性工作报酬进行。从销售佣金或职位晋升中可以估算出优秀说服工作带来的奖金。深入的访谈能够为我们的估算提供佐证，因为访谈能够深入探查每份工作中包含的甜言蜜语，并将其和单纯的合作、体力劳动以及信息传递区分开。在访谈中，研究者可以坐上警车真正感受一下警察的工作，也可以成为类似经理的"影子"。20世纪30年代，罗纳德·科斯运用访谈的办法发现了经济学中的交易成本，20世纪80年代，小说中的罗玢·彭罗斯也正是如此才发现了管理教学法。

对大多数富裕之地来说，至少与18世纪相比，胁迫已经不像说服一样普遍存在了，至少在某些方面是这样。没错，税收行为中强迫的比例还是很高的，你可以试试能不能说服国税局对你免税。奴隶们或一些从事畜牧业的仆人曾经受到过肉体上的胁迫。然而在过去，个体户自耕农甚至农场工人（在1800年，这

第六章 毕竟甜言蜜语统治自由经济

些人可以总体归为"大多数自由人")并没有受到太多的强迫，甚至没有受太多的监视。在弗罗斯特的诗《雇工之死》（创作于1905年）中，塞拉斯就能按照他想要的方式熟练地码好干草垛，"他是来帮你在草地开挖沟渠的，他有一个计划，你一定不要嘲笑他。"因此，我们尚不完全清楚强制和自主之间的长期平衡为何发生了变化。然而，尽管有时支撑现代国家官僚制度的是强制税收，并非商业机构自愿缴税，甜言蜜语在现代经济中所占比例依然很大，相应的，命令和强制行为的比重也就减少了，至少比卓别林在《摩登年代》中所演绎的要少。

总的来说，在经济大爆炸之前，甜言蜜语占国民收入的比例可能会小一些。因为1800年的经理们大概率不会是戴维·洛奇笔下的老师形象，他或她可能只是一个暴君而已。赏金号的指挥官中尉（还没当上船长）威廉·布莱就是一个恰当的例子（那个赏金混蛋，水手们后来这样称呼他来为自己的叛变辩白。实际上，他好像就错在放纵船员在塔希提岛逗留，从而破坏了纪律）。无论是指挥商船还是王国军舰，船长都希望人们立即服从自己，尤其是在九级大风中绕过合恩岛，或希望每个人都在特拉法尔加角履行职责的时候。当然，对军队及处在危机中的军事化企业来说也是如此。圣本笃会[1]会规要求立即地、自我克制地服从。不崇拜神，却骄傲自大，是违背圣灵的罪魁。由此可见，过去依赖甜言蜜语的职业较少。而在未来的日子里，这类职业将会越来越多，因为制造业将会向人工智能的自动化方向发展，这样做机会

---

1. 圣本笃会：意大利天主教教士，本笃会的创建者。圣本笃是两方隐修制度的始祖。

成本会越来越低。在未来如天堂一般的美好生活中，我们唯一剩下的任务就是决定该做什么，伴着啤酒或竖琴，和其他天使一起甜蜜地争论。

这个结果可以用其他方法来检验。道格拉斯·诺斯和约翰·沃利斯认为，美国国民收入的50%是科斯提出的交易成本，而说服成本则是其中的一部分。沃利斯和诺斯将交易成本定义为谈判和执行合同的支出，该部分支出从1870年占国民收入的四分之一上升到1970年的一半以上。他们的衡量标准和我们的想象有所差距。例如，他们的交易成本包括"保护性服务"，如警察和狱警，他们的一些收入（这里说的是刨除甜言蜜语所占的25%之外的部分）来源只是不妥当地"多说"，抑或是将肢体胁迫用语言表达出来。言语交谈很特别，尤其是其成本可以忽略不计，并不像枪支、枷锁和狱墙一样昂贵。从某种角度来说，对言语交谈的分析方式与对其他交易成本的分析不应相同。我们说："聪明人一句话就能点透。"甜言蜜语这种说服性话语是人们精心挑选的，但在很大程度上并不存在机会成本。

这一结论也可以通过国民经济核算的另一面，即用生产加以说明。我们可以更明显地看到，谈话性劳动的生产量在总生产量中所占比重很大，其中很大一部分是说服性劳动产出，而不是传递信息或传达命令的成果。2004年，美国国内生产额为11.734 0万亿美元，我们可以对大约50个行业的增值进行分类排序，粗略估算每个行业产生甜言蜜语的百分比，比如说，对于"公司管理"来说比例是80%，"房地产租赁"是20%，"艺术和娱乐"是40%。将这些数据加起来，可以算出甜言蜜语占国民生产总值的 17% 左右，与占劳动力收入 25% 的结果完全一致。因此，说服性工作极其重要。

美国人口中有半数是白领，虽并非每个白领都以甜言蜜语为生，但多数人是这样的。而且随着体力劳动越来越少，越来越多的人开始依赖甜言蜜语。在文字处理时代，办公室的工作早已不是由女性完成的打字、归档和复印了，更不用说早期的办公室转型，白领们早就不是书记员巴特比[1]或坐在高凳上的鲍勃·克拉奇特[2]了。因此，这一改变让许多蓝领工作也开始涉及甜言蜜语，比如仓库管理员互相说服对方将货物处理得井井有条。粉领工作也如此，比如女服务员整天与客人打交道说话。黛布拉·金斯伯格在她 2000 年的回忆录《等待：女服务员的真实自白》中，将与顾客接触的第一分钟描述为确定小费金额表演的"小舞台"。

这并不是"单纯地"交谈。这样谈话的很大一部分目的都是在劝说别人。秘书要游说公司官僚机构通过一份文件，就经常被迫使用甜言蜜语以及含蓄的威胁。不管是不是用甜言蜜语，如果她不能恰如其分地运用自己的语言来说服办公机构，那她就失职了。白领阶层大部分是行政员和专业人士，他们本身并不是商人，却在公司内外都做着商人的说服工作。

丹尼尔·平克对美国 7 000 名工人进行了彻底调查，结果呈现在 2012 年出版的《全新销售：说服他人，从改变自己开始》一书

---

1. 巴特比：美国小说家麦尔维尔短篇小说中被现代工作环境异化的人物。
2. 鲍勃·克拉奇特：是查尔斯·狄更斯 1843 年的中篇小说《圣诞颂歌》中的虚构人物，现已成为维多利亚时代早期许多工人阶级所忍受的恶劣工作条件的象征，尤其是指较长工作时间和低工资。

中，他的调查也证实了我们的结论。"纵观各类职业,"他写道,"我们平均每小时花费大约24分钟去游说他人",这里指的是非销售类的甜言蜜语,也就意味着交谈并不是为了买卖。他问,"说服他人或让他人信服你,让他们放弃自己认为有价值的事物来换取你兜售的东西,这种工作在你的工作中所占比例有多大?"这个问题的答案是41%。"销售能力并不是人们刻意适应无情商业世界的结果。销售从根本上说是人之常情。"人类总是决定下一步去哪里狩猎和采集,或者把装满橄榄油的双耳瓶带到哪个港口售卖,就像马修·阿诺德想象的那样,一个古希腊商人在葡萄牙海岸登陆,"伸直船帆,在那里,在多云的悬崖下,穿过一片片泡沫,害羞的人贩子,黑暗的伊比利亚人来了;在沙滩上解开他的捆包。"

决策并不总是中央集权统治下暴君的专属,船长、大学教务长或军事将领并不会征求他人意见。在自由社会中,无论是在农业出现之前漫长的狩猎采集中,还是在当代社会制造业和服务业中,甜言蜜语都支配一切。

第七章

我们因此应该像路德维希·拉赫曼[1]那样，用双脚走路

---

[1] 路德维希·拉赫曼：奥地利经济学派代表人物。

人文经济学认为，经济学家最好用双脚走路。是的，让我们继续用行为主义、实证主义、非语言的、量化的一只"脚"前进，这是20世纪30年代以来罗宾斯、萨缪尔森、弗里德曼、李普西、詹森、贝克尔和斯蒂格勒奋力猛冲开拓出的教条化的道路。但是接下来，让我们也用上另一只人文主义的、认知的、修辞的、伦理的、诠释的、定性的"脚"吧，这只"脚"是自17世纪70年代以来由斯密、密尔、维克斯蒂德、米塞斯、熊彼特、凯恩斯、奈特、哈耶克、波尔丁、肖克、赫希曼、海尔布朗纳、布坎南、柯兹纳、沃恩、拉沃伊、伯特克、丹尼尔·克莱因、维吉尔·斯托尔、克拉默、B.威尔逊、V.史密斯、阿马里格里奥和路德维希·拉赫曼等经济学家推荐的，能让我们快速到达某个有意义的地方。

你可能已经注意到奥地利学派经济学家和他们的同路人在人文主义榜单中的突出地位了。让我明确一下我一直在暗示的观点，试图说服奥地利学派和新制度主义者（这两者并不完全是重叠的群体）认真转向人文学科，就像奥地利学派前辈已经尝试过的那样。

是的,我知道。如果你是正统的萨缪尔森式经济学家,不熟悉奥地利经济学,你很容易感到无聊并转身离开。研究生生涯之后的几十年我也是这样的态度。你会认为,奥地利经济学派不够数学化,成果不足以在《美国经济评论》杂志上发表。但是,如果你想做严肃的经济科学,而不是没有原则的野心家,你最好读读博尔特克、柯兹纳、哈耶克或米塞斯的书;订阅唐·布德罗的《哈耶克咖啡馆》博客;仔细听;然后再听,安息吧《美国经济评论》(在乔·斯蒂格利茨担任主编时,我在编辑委员会任职过一段时间;我受不了一堆又一堆沉闷的存在理论和无意义的显著性检验,所以我退出了)。但你是一个认真研究经济学的学生,无论经济学走向何方,你都要寻求真理,对吗?

路德维希·拉赫曼(1906—1990)就是一个恰当的例子,他是德国历史学派经济学家维尔纳·桑巴特的最后一批学生,奥地利学派经济学家路德维希·冯·米塞斯的第一批学生之一。要想为经济学中的人文学科和完整的人文经济学辩护,他并不是一个完美的例子。他发表过相当传统的"谕旨",诸如"真理的真正本质,人类存在的终极理由,善与美的普遍标准,这都是哲学家的领域,而不是科学家的领域。正因为这个原因,作为经济学家,我们必须避免做出价值判断"。对于一个以德语为母语的人来说,采用现代英语对科学的狭隘定义来反对德语里Wissenschaft(科学)的含义是很奇怪的。但在其他方面,拉赫曼甚至比一些奥地利学派的前辈更擅长人文主义。他们中的大多数人,包括拉赫曼,都在中欧的古典大学接受过预科班教育。这种

第七章 我们因此应该像路德维希·拉赫曼那样，用双脚走路

教育中的人文主义似乎对拉赫曼的影响更深。

我说过，人文学科研究手段在使用及批评经济学的事例和隐喻过程中占有重要地位，例如囚徒困境、公地悲剧，或者商学院对王牌因素"激励"的执念。毕竟，我们建构的是人类，而不是老鼠或计算机程序，拉赫曼对此有着深刻理解。拉赫曼不同于新制度主义者和20世纪30年代以来的大多数其他经济学家，他和许多奥地利学派经济学家一样，大胆地面对人类、人类的意义这些他称之为"内部"问题的主题，而非只纠结于制度等外部问题。他没有单靠自己行为主义的那只"脚"痛苦地向前跳跃，并不时地摔倒。的确，像许多奥地利学派经济学家一样，拉赫曼可能低估了仅靠行为主义就能取得的成就。但至少他知道自己有两只"脚"。

然而，正统的萨缪尔森派学者会回答说，"鉴赏力各有不同"。当然，作为经济学家我们必须避免做出价值判断，那是哲学家的职责。并且，高中化学课的科学方法要求人们避免对目的进行讨论，只关注手段，对吗？

不，我以前提出过这个问题。用拉赫曼严肃的表述来说，经济学家是此领域的专家，所以必须避免做出价值判断，这种认识是不正确的。恰恰相反，如果我们想要一个名副其实的、靠双脚行走的社会科学家，我们就应该针对品位和目的进行争论。在一次采访中，拉赫曼说，"阅读完芝加哥最近的一些出版物，我的印象是，这些经济学家不理解行动和反应之间的区别，比如著名的文章《鉴赏力各有不同》（《美国经济评论》，1977年3月刊）。他们似乎不愿意承认世界上有自发行动这种东西。"行动与目的

和价值的判断有关。实证主义研究的是反应，而不是人类行动的自由意志，例如对预算线、博弈规则做出反应。实证主义研究忽视了人类的希望、爱和勇气，忽视了自由意志。

可以肯定的是，实证主义是在经济学中进行科学论证的众多修辞手段之一。只有成为一个根本的、排他的教条时，它才会出错。任何美德都是如此。没有节制和爱，正义就是残酷的。没有勇气，希望就成了一纸空文。因此，人们会想起国民收入统计数据，同时相信，自发的人类行为在创业、金融、开创性消费（像自行车和汽车等旧时的富人玩物，甚至连海洋游轮最近都成了民众的工具和消费方式）以及经过商业检验后有了普遍改善的方方面面都至关重要。没有理由让人们从中选择，当然在哲学上也没依据。通过人文经济学，实证主义"死亡"的消息现在终于传到了我们经济学领域（我在20世纪八九十年代试图把这个好消息从根特带到艾克斯，但我失败了）。

我注意到，在20世纪30年代的学术心理学研究中，行为主义达到了高度成熟水平，心理学家们记录了狗对铃铛的反应以及老鼠对食物的反应。但是，在经济学家开始对老鼠和鸽子进行行为主义实验之前不久，行为主义却很快死于认知性的"心脏病发作"。经济学实验者没有意识到，通过观察动物对预算的表面反应来证明它们是理性的，这仅仅表明"理性"这个词在经济学中的定义是多么奇怪且反人性。我们或许可以从牛津学派吉尔伯特·赖尔和 J. L. 奥斯丁的日常语言哲学中获得人文主义线索，他们把普通语言作为哲学的开矿地，以此质问"理性"的正确含义是什么。"理性"当然意味着理解"行动"和"反应"之间的区

第七章 我们因此应该像路德维希·拉赫曼那样，用双脚走路

别，并承认世界上存在自发的行动。但这并不意味着满足显示性偏好这一薄弱的原理，日常语言并不能用于解释这个理论。理性意味着"人性地、合理地"对争论和自由意志进行回应，能用于老鼠、鸽子或计算机程序的仅是非常狭隘的一小部分。

到目前为止，日渐衰落的行为经济学（难道发现有任何现实行为对市场造成全国性的严重破坏了吗？）受到20世纪30年代行为主义的启发，试图再次复兴这样一个概念，即通过个人行为来研究人类比研究拉赫曼理论中的市场更有效。行为主义假装我们不知道人类有头脑会思考，断言人类心灵并非由我们自己掌控，认定人类四千年的书面历史中没什么值得学习的东西，并声称只有提出复杂的推理性问题，才能从外部预测人类行为，这些都表明人类不擅长概率论。同时我注意到，自然主义者转向神经经济学的过程也是相似的。虽然没有证据，但他们仍声称心灵是大脑。17世纪后期安德鲁·马维尔在他的《花园》一诗中给出了答案：

> 对宇宙万物，海洋般的心灵，
> 即刻能映现出它的同类对应；
> 但心灵还能超越物质现实，
> 创造出另外的海洋和陆地，
> 心灵的创造终使现实消隐，
> 化为绿色的遐想融进绿荫。

像拉赫曼这样的奥地利学派学者能理解我引用这首诗歌的意

义（我已经说过，他们不是像穆瑞·罗斯巴德一样的奥地利学派学者，罗斯巴德攻击拉赫曼和他的学生，如唐·拉瓦，称他们为"虚无主义者"，因为他们使用了阐释学和修辞学的思想。也就是说，拉赫曼和他的学生偏离了人文主义方向的船货崇拜）。拉赫曼本应明白，借用哲学家的话说，意识的特点是"概念性和想象性的力量摆脱其物质约束，从而获得的自由"。意识的创造力已经超越了拉赫曼口中的自发行动。哲学家接着说道："在机械论的角度看……因果关系不过是一种无意识的力量（比如人们在约束条件下对效用最大化的反应）。因此，看似非物质的事物（例如意志、最终目的）其因果力量会造成深层次的问题。"无须赘言。机器里的幽灵，大脑里的灵魂，主宰着一切。

拉赫曼的英雄之一是马克斯·韦伯。在1971年拉赫曼的著作《马克斯·韦伯的遗产》中，他反复讲述了韦伯反行为主义的研究方法。早在1907年，在一篇题为《斯卡特游戏范式》[1]的文章中，韦伯攻击了法律哲学家鲁道夫·斯塔姆勒所使用的社会隐喻，这一隐喻是诺斯学派短语"博弈规则"的派生产物。拉赫曼写道，"制度，为大量行动者提供了定位手段，使他们能够以此协调行动，抵达一个共同的指示牌。"这个制度不是博弈的决定性规则，而只是一个标志，人们通常把它解释成交通信号灯。由此可见，我们的服装、语言也是制度。正如经济学家们所说的那样，价格"信号"也是如此。它们的效果绝非一成不变的。

---

1. 斯卡特：是一种德国的纸牌游戏。

第七章　我们因此应该像路德维希·拉赫曼那样，用双脚走路

拉赫曼概括了韦伯对施塔姆勒的攻击（而且如果韦伯知道诺斯的话，肯定也会攻击他）："像这样的规范不能确定具体的结果。"知道国际象棋规则并不意味着你能赢。相反，在井字棋中，稍微有点理性的人只要知道规则就能获胜。请注意，韦伯曾接受过律师教育，拉赫曼引用了他关于法律变革的观点，韦伯曾写道，"（法律变革中）真正的决定性因素一直是新的行为准则，准则的变化会改变现有法律规则的含义，或创造新的法律规则。"这是新制度主义众多弱点中的一项，他们并未提出不可改变的法律变革理论，却仍认为变革已经戛然而止。在许多重要的问题上，法律并非一成不变，法律并非井字棋，这就是我们为什么需要受理上诉的法院。美国最高法院的贸易条款、美国宪法第一修正案以及1964年民权法案第七条，都是法律条款演进的结果。我们不能将这些问题简化成井字棋、投入和产出，而是要用别的方式加以讨论。

在他谈论韦伯的书中，拉赫曼批评了他自己的老师门格尔（他批评的对象是门格尔《大众经济学原理（1971）》中的附录6）所提出的经济主义制度需要论，这和诺斯的功能主义别无二致。拉赫曼指出，"这种理论的弱点就是没有为我们提供任何标准，以区分那些可以通过适当的制度来满足的需求和那些不会被满足的需求"。

贾里德·鲁宾最近的精彩著作中有一个错误，那就是他无法解释为什么适当的经济制度没有满足经济增长的需求。新制度主义的三段论是说，制度因素是（仅物质）是一种激励；遵循（经济）激励，收入就能提高；因此，制度导致了现代经济增长。在

问及这些制度是否有足够的量化动力带来巨大的经济增长之前，还有一个问题悬而未决，那就是为什么经济增长的前景没有改变这些制度？为什么制度有时会创造这样的激励，但有时却产生了相反作用？为什么人类经常违反激励措施，就像约翰·汉考克大胆签署《独立宣言》一样，这可是要判处绞刑的重罪。因此，制度的效果并非一成不变的。

拉赫曼继续说："韦伯研究社会行动的方法与结构主义或功能主义的理论有很大不同。韦伯关心的是行动者赋予他行为的意义。大多数社会系统理论都忽略了行动的这一个方面。"比如行为主义就是这样。然而，即使是门格尔都认为是社会中的实体赋予了社会生命，这一切都取决于人文学科对人类的评价。就像哲学家约翰·塞尔关于社会结构的著作中所暗示的，善良的老门格尔从社会契约中看到了意义。修辞、语言博弈、伦理，所有这些因素的效果都完全不可预测。鲁宾面临的就是这一问题，因此他在区分君权神授的欧洲宗教政治联盟和类似的、但存在致命缺陷、完全反经济的伊斯兰联盟（例如1744年瓦哈比教派和沙特王室成立的联盟）时遇到了困难。如果制度导致了经济增长，经济学家们就很容易设计制度或取消制度。如果经济学家这么聪明，再说一遍，他们会很富有。这时候还是谦虚点比较合适。

1950年，经济学家雅各布·维纳说道：

事实上，很大一部分的学习是由负面知识实现的，这意味着让我们增加对未知领域广度和深度的认识。这是学术的主要美德之一，只有借助这种美德，无论是自身的还是他人的，人们才能

第七章　我们因此应该像路德维希·拉赫曼那样，用双脚走路

知道应何时放弃对某部分未知的求索。因此，对无知的认识往往是值得称赞的，而没被认识到的无知则从来不然。

说得没错。

第八章
也就是说，经济学需要的是超越行为主义的人类心灵理论

因此，是时候停下来反思了。只有反应性的、科学的和机械的唯物主义才能统治人类世界，是时候去质疑这种想法了，我们应该开始承认人类有自发的行动，神学家称其为自由意志。是时候让人文学科进入经济学科，而不放弃任何数学或统计学方法，抑或任何具有经济学意义的部分。

物理学家们发现恩利克·费米（1901—1954）的与众不同之处在于，他一方面做了数学、定性、范畴、人文理论的研究，另一方面做了模拟、定量、事实性、实践性的实验研究，在这两个方面他都是能得诺贝尔奖的顶尖学者。例如，在偶然的交谈中，费米和一群物理学家提出了一个问题，即在宇宙的其他地方是否有先进的文明。当其他人喋喋不休时，费米沉默了几分钟，在脑海中进行了后来被命名为德雷克计算的过程。在沉默中，他得到了估算结果，外星文明的数量可能有很多。然后用一个问题打破了沉默："好吧，那么大家都在哪儿呢？"如果对可居住行星数量粗略的估算结果决定了外星文明的数量，那么自大爆炸以来，早就有足够的空间和时间，能让他们其中很大一部分发展出极其先进的技术。在这种情况下，它们早已在和我们对话了。他暗示道，人类并非宇宙唯一的文明这一假定是有问题的。（小组中的匈牙利物理学家利奥·西拉德给出了机智的回答，然而这并没有从理论和经验的方面削弱费米之前回复的深刻性："恩利克，他们已经在和我们说话了。我们只是称他们为'匈牙利人'，比如特勒、维格纳和西拉德。"）

这就是数字的优势。举个例子，假如你知道，自1800年以来欧洲人均实际收入增长了大约30倍，那么你受政治冲动驱使，谴责"资本主义"正在让世界陷入贫困或充满"不完美"时至少会有些克制。你可以继续做一名社会主义者或监管者，但你需要用其他方式来强化你的论点，而不是继续利用类似的虚假事实以及关于贫穷和不完美的虚假论调。我们需要数字和文字，两者都要，都以费米的风格呈现。

这里有一个更充分的例子来说明经济科学的不完整性。对于这个例子，拉赫曼发表过意见。在这套书的另一本《超越行为主义》中，针对这个问题我也有更多要说的内容。一些经济学家认为制度与人的意义有关，而不仅仅是诺斯学派所认为的"约束"。道格拉斯·诺斯、加里·贝克尔、迪帕克·拉尔、阿夫纳·格里夫、史蒂文·莱维特，效用最大化和他们的同路人如此热切地穿上了"约束"这一紧身衣，而奥地利学派和旧制度主义者却设法逃脱了，就像表演逃脱魔术的胡迪尼一样。

拉赫曼提到"最基础的思想方案，即计划，必须是以制度

第八章 也就是说,经济学需要的是超越行为主义的人类心灵理论

(超个人的思想方案)为导向展开。因此,在某种程度上,制度可以协调个人计划。"请注意,根据奥地利学派的观点,他们研究的是未来,经济就是思想,一直以来都是如此。因此,普通法[1]的法庭是一个由礼仪、法警和法律书籍组成的思维方案,与个人计划相协调。同时,语言也是一种由伦理、社会认可和会话含义支持的思维方案。回过头来用实证主义的行话说,这种语言游戏比效用函数的内容更加显而易见:只需倾听人类的话语就能观察到。事实上,拉赫曼断言,19世纪70年代经济理论中的主观主义转向意味着经济成了个人思想的表达问题。这些话语指的是他人在谈论他们计划时用的甜言蜜语,而不是唯我独尊的言论,比如"我思,故我在"。

毫无疑问,无声地实现最大化是一种美德。这是逐利者的美德,然而我也已经提到过,对于一只寻找奶酪的老鼠,一片寻找光明的草叶也一样如此。在1973年至1987年访问纽约期间,拉赫曼和受他启发的美国新奥地利学派经济学家意识到,精明无疑是重要的,是理解进出口的"门票",但精明本身又是由非精明的美德赋予人,并且由话语付诸实际且加以讨论的。

毕竟,节制、勇气、爱、正义、希望和信仰也是美德,它们也是人之所以为人的原因。与精明不同,正如我现在反复提到的,精明是从病毒到各种形式的生命和半生命体共有的特征,非精明的美德是人类独有的特点,也是人类语言及语言意义的特点

---

1. 普通法:是12世纪前后发展起来的,是根本法之外的其他法律。在中国通常指次于宪法(根本法)的一般法律。

（我要将大象哀悼死去的同伴，黑猩猩因同伴独有的葡萄而产生的愤怒排除在外）。一个凡人知道自己终将死亡，并且向死而生地说话、行动，不朽的上帝并不能理解这种需要。不朽者不需要勇气、希望或节制，也不需要足够的爱、正义或信仰。希腊神话恰恰反映了他们毫无道德观念的事实。说到其他生物，精明的草叶做不到"勇敢"，精明的老鼠无法"忠诚"（电影《料理鼠王》中的老鼠除外，该片的幽默在于讽刺老鼠英雄比许多人类更忠诚，并且这不仅是出于谨慎的动机）。1725年，塞缪尔·巴特勒主教抱怨说"许多人有奇怪的热情，把所有特殊的感情都解释得一文不值，把整个生活说成是一种持续的（精明的）自爱。"这可以对比最近故去的伟人加里·贝克尔[1]。

或者，正如另一位伟人胡果·格劳秀斯在1625年所说的那样，"任何生物都被自然所引导，去寻求自己的私人利益，这种普遍的说法一定不能接受……（人这类动物）从自然界获得了一种特殊的工具，那就是语言；除此之外，根据某些普遍原则，他还有认识和行动的能力（再一次引用米塞斯和拉赫曼：人类行为）；因此，这种能力导致的行为也并不是所有动物共有的，而是人类恰如其分所特有的。"再对比一下诺斯和他的追随者，除了自爱之外，他们没有特别的感情，没有基于普遍原则的人类语言、意义和行为。诺斯本可以从拉赫曼、吉尔茨、韦伯、斯密、阿奎那、西塞罗、孔子、摩西或他的母亲（诺斯的母亲，或摩西的母亲都行）那里知道，用人类语言表达的社会规则具有人类的

---

1. 加里·贝克尔：美国著名经济学家，芝加哥经济学派代表人物之一。

第八章 也就是说，经济学需要的是超越行为主义的人类心灵理论

意义，但他并没有了解到这些，而这也正是行为主义中对于约束和博弈规则的"配方"所缺乏的。正如拉赫曼所说，它们是工具，也是约束；是玩具，也是栅栏；是社区公约，也是精神病房的规矩。

以交通信号灯这样一个微不足道的制度为例，信号灯提供了激励并且协调了个人计划。红灯亮起就是在创造物质激励，让人停下。首先，这条规则是自动执行的，因为红灯也能变绿。另一方面，警察可能正在监视，或者自动摄像头可能会捕捉到你的车牌。红灯是栅栏，是约束，是游戏规则，是精神病房的规定。迄今为止，大多数萨缪尔森派的经济学家都归顺了诺斯的学说。

然而，红灯对人来说是有意义的，食物激励实验中的老鼠将精明当作第一要义，但是人类考虑得更多。此外，红灯意味着国家对司机的控制。它标志着文明的存在，并将文明造成的争议合法化。（假设你正在一片没有路的丛林中挣扎，突然出现了……红绿灯："我想这是文明先生吧。"）这也标志着机械监管手段的兴起。拉赫曼大部分职业生涯都在南非度过，他一定知道在南非荷兰语中人们称红绿灯为机器人，这与水泥地上戴着白手套的人类交通员形成鲜明对比。

用拉赫曼的话来说，红灯是一种思想体系，它能或多或少地协调人类的行动。但这对人类是有意义的，而且这种意义对人们的政治经济生活很重要。红绿灯这个系统能让一些司机感到欣慰，而让另一些司机感到恼火，这取决于他们对国家、对机器人等机械发明，以及对交通指挥员的态度。对于一个负责任的公民、一个爱荷华州人或法西斯主义的老顽固来说，红绿灯意味着

遵守规则。凌晨3点在一个四面无车、没有摄像头、没有警察在场、没有烂醉如泥的男人的十字路口，在即使她有点匆忙，也会等绿灯亮起再通行。该死的激励措施。但是对于一个有原则的社会反叛者、一个波士顿人、甚至是一个反社会者来说，红绿灯是对他自主权的挑战，一种国家资助的侮辱。还是该死的激励措施。举例来说，如果警察把破窗政策运用得过于强硬，很可能会引发潜在犯罪，甚至是和平人士的愤怒反应，至少是民众对警察的普遍不满。有时确实如此。

在写下这些后，我了解到美国社会学家欧文·戈夫曼在1961年对交通信号灯表达了同样的观点。当然，行为不仅是行为。对于被研究者来说，在他们对自己所处环境的理解中，行为是有意义的。回想一下奥斯兰德的话："我们生活在世界上。这个词就是我们的梦想，而这个梦想就是我们的生活。"

那么，一旦人文主义的分类工作完成了，我们应如何保持在科学的轨道上继续前进呢？你可以接着添加实证主义的计量手段。像经济学这样规模的科学需要人文主义的理论化，然后就是量化的计量。人文主义赋予量化计量意义，量化计量赋予人文主义实质内容。康德说："没有内容的思想是空洞的，没有概念的直觉是盲目的。"因此，让头脑中的概念变得可理解（即在直觉中给它们添加一个客体）和让我们的直觉变得可理解（也就是把它们置于概念之下）是同样必要的……理解不能凭直觉，感官又不能用来思考。只有两者统一认知才能产生。"

你不能忘了人文主义的理解，比如韦伯的"诠释"，即研究

第八章　也就是说，经济学需要的是超越行为主义的人类心灵理论

由人类灵魂产生的观点，而非从人类行为得出的观点。例如，拉赫曼和其他奥地利学派经济学家对商人的人性有着生动的评价。拉赫曼写道，资本作为一个整体是不可衡量的，因为"不同经理人或企业家的思想片段会体现在他们资本组合的具体构成中。"人类心灵一向如此。正如拉赫曼在另一篇文章中所说，"每个所有者对其投资支出的判断……取决于他对未来的主观预期。"是的，这是由想法决定的，这是一种"思想行为"。各类投资在人的头脑中是按利润从高到低排列的，现行价格由机会成本决定才是人们最后实施投资行为的原因，这就是边际主义。在非奥地利学派的版本中，边际主义是通过生产函数及其偏导数来表达的，而奥地利学派和人文经济学对此的表述具有更深层次的思想内涵——主观价值预期。当然，不同所有者的期望是不同的，这从买卖双方的意愿就可以明显看出。拉赫曼宣称"心灵在选择和阐释中塑造、建构了社会，我们绝不能将这些行为从心灵中抽离出来。"紧接着，在同一篇文章中，他断言新李嘉图主义者应"心怀愧疚地"认可这种解释的理念，并且"新古典主义者（实际上是萨缪尔森主义者）不得不完全忽视它，因为在他们的'形式机构'（也就是萨缪尔森的常规蓝图之书，是其对生产函数的隐喻）中，并没有为解释人类心灵提供空间。"对于绕过了奥地利学派的新古典主义，追随1900年新古典主义综合的信徒们，拉赫曼写道，"个体对他们有价值仅仅是因为个体拥有特定的品位，而不是因为他们的心灵能探索和吸收经验，获取和传播知识，也不是因为他们对资本货物有不同的主观价值判断。"

即便不够完美，心理学领域终归在20世纪60年代出现了研

究人类心灵的理论，这也正是现在经济学所需要的（心理学家从此远离这类研究，回归神经科学中的行为主义。时髦的机制对人诱惑很大）。拉赫曼可以带领我们走向研究人类心灵的理论，走向完整的人文经济学。它扩展了（但也在某种程度上也引发了质疑）现代经济学和法学、社会学等许多其他社会科学，这些领域目前仅受效用最大化和唯物主义经济学的影响。

02

第二部分　撒手锏级应用

第九章
人文经济学的撒手锏级应用证明"经济大爆炸"源自伦理和修辞

2004年，在于圣地亚哥举行的美国经济协会年会上，我试探性地就人文经济学发表了一次讲话，但我当时还不知道如何对其命名。所以，我将其表述为"把严肃的伦理反思引入商业测试后改良的历史和经济学研究中"。在问答环节，赫伯特·金蒂斯站起来和蔼地建议道："我明白你的意思，迪尔德丽。但你需要一个撒手锏级的应用，这个应用能够解释重要的经济事件，从而表明人文科学很重要。"

谢谢你的建议，赫伯特。这里写的就是这方面的内容。如果你想要更多的证据，可以查阅我的另外三本著作，《资产阶级时代》（三部曲），或者至少买下来。

我注意到，扣除物价因素后，从1800年到现在，地球上多数人已经富裕了大约10倍，或者从计算角度精确地说大约富裕了900%。就算作1 000%吧，因为我们处理的都是非常粗略的数字：10减去基数1得到变化量9，变化量9除以基数1得到系数9，用百分比表示再乘以100，就是900%，或者不吹毛求疵，1 000%已经足够接近了。从比利时到博茨瓦纳，再到现在的印度，接受"资产阶级协定"的地方所占比例不断升高："让我在第一幕里从创造性破坏中获利，到第三幕我会让你们所有人都富有。"按照传统的说法，这一增长系数是30，如果考虑到商品和服务质量的提高，比如改进玻璃和汽车，或改进医药行业和高等教育，这个系数将会变成100。允许普通人进行尝试，这一实践促成了大约3 000%到10 000%不等的经济增长速率，经济自由和社会尊严的崛起（最初发生在西北欧然后在世界范围内展开），这些变化侵蚀了古老的等级制度，逃避了现代监管。先前"繁荣时期"，这是历史社会学家杰克·戈德斯通的命名，如希腊或中国宋朝的繁荣，以及英国十八世纪的工业革命，这些繁荣可能导致人均实际收入翻了一倍或最多三倍，增长100%或200%，而自1800年以来，人均实际收入足足增加了3 000%或更高。法国古典主义者阿兰·布列松同意英国古典主义者伊安·莫里斯的观点，他从考古角度考察了房屋的大小，认为希腊人的人均收入从公元前750年到公元前350年增加了5到6倍。根据莫里斯的说法，小麦——榨油——酿酒经济体制的发展及其在海上贸易中的大规模扩张是财富累积的主要原因。布列松对增长系数高达5或6表示质疑。即使如此，尽管这种繁荣令人钦佩，但在四个世纪内人均收入的增量仅是400%到500%，而近两个世纪的"经济大爆炸"时代收入增量是3 000%到10 000%。

在现代社会科学史上需要解释的不是工业革命，而是"经济大爆炸"，它带来的变化比人类历史上的任何变化都要大一到两

第九章　人文经济学的撒手锏级应用证明"经济大爆炸"源自伦理和修辞

个数量级。如果我们要进行严肃的定量、科学、社会和经济研究，就需要放弃对一些问题的执着，比如欧洲在1800年之前实际收入是翻了一倍还是三倍，或者是煤炭或钢铁贸易这样那样的扩张。我们要认真看待比较历史得出的结论，大约在1700年之前，欧洲和别的地区没什么不同。我们需要解释自农业发明以来最大的社会和经济变化，这指的不是工业革命，更不是像中国宋朝或15世纪意大利文艺复兴初期这种规模较小的繁荣，而是发生在我们当下世界的"经济大爆炸"。

为了解释这一点，我在《资产阶级时代》三部曲中使用了定量和定性的证据，占据了很长的篇幅（但一个如此重要的问题也许正需要这么长的篇幅进行说明），目的就是为了论证把研究重点放在资本积累、等级剥削、贸易扩张或阶级斗争上是行不通的。有两方面的原因，一是历史原因，二是经济原因（我不指望各位会立即同意这些观点。我在这里列出其中一些只作为一个大概吧，请你来核查已经搜集完成的所有证据。这里我只是表明自己对相关问题的看法）。

从历史上看，资本积累、剥削、贸易和斗争都不是早期现代世界所独有的。即使欧洲中世纪农民粮食结实率与现在相比低得可怜，可他们的储蓄比十八世纪的资产阶级还多。在和平时期，像古典地中海那样的奴隶社会人均实际收入可能会翻一倍，甚至达到莫里斯可能有所夸大的5~6倍，但也并没有出现像从1800年开始的那样，西北欧创造力大爆发，增长3 000%的情况。至于作为增长引擎的贸易，过了很久之后，最大的海上贸易还只是跨越印度洋，而非大西洋。并且参与海上贸易的国家也没有经济大爆炸的迹象。至于斗争，工会主义和工人友好型的监管是在经济大爆炸之后开始的，而不是在那之前。这就是世界历史给我们的解释。

从经济角度来说，资本积累在几十年内就会丧尽气力（甚至字面上的意思也是对的，蒸汽动力已经不复存在）。正如凯恩斯在 1936 年写的那样，在缺乏创新的年代，储蓄率将剥夺"资本在一两代人内的稀缺价值"。如果像马克思所说的，通过剥削奴隶或工人获得更多的资本积累，那么"资本家"也会面临同样的收益递减。比如说，对英国工人的剥削无论如何都无法解释经济大爆炸的出现，因为这场经济大爆炸让被剥削的人也富裕了起来，在剩余价值的故事中，大规模创新并没有得到解释。让我们看看政治右派的最爱——贸易收益，这本身是有利的，但哈伯格三角表明，如果放到 1 000% 的致富程度中，或以 3 000% 甚至是 10 000% 的增长规模来衡量，贸易收益在其中占比很小。让我们再回到左派的观点——政府监管，其作用是减少经过商业检验的改良的收益。很难看出这一因素如何让经济增长了 30 倍。工会的工作主要是将收入从工人阶级的一部分转移到另一部分，如从病人和公寓租户转移给医生和水管工。这就是现代经济学给我们的解释。

然后呢？

解释经济大爆炸的不是物质条件，而是普通人全新的自由和尊严，其中就包括创新的资产阶级。简而言之，这是人们朝着社会、经济、政治等领域的自由主义所迈出的一小步，也就是亚当·斯密所说的"争取天赋自由权明显而简单的计划"。它给了

第九章 人文经济学的撒手锏级应用证明"经济大爆炸"源自伦理和修辞

许多普通人一个尝试的机会,在商业中检验他们的想法,比如蜡烛商的学徒本杰明·富兰克林、假发制造商理查德·阿克赖特或者电报员托马斯·爱迪生。资本和制度都不是我们财富的来源,这些都是次要且具有依赖性的因素,是人人平等这一理念的广泛传播促成了经济大爆炸。人类思想表现在言语、书信和文学中,人文学科对此进行研究,因此,人文学科的研究工具在我们理解经济大爆炸的过程中非常重要。创造现代世界的不是我们首先想到的蒸汽机和大学,而是平等主义的经济和社会思想。

政治哲学家米卡·拉瓦克-曼蒂引用了查尔斯·泰勒和彼得·伯杰的话(他本可以引用更多欧洲作家关于这个问题的看法,例如从托克维尔、阿伦特和罗尔斯那里转引洛克、伏尔泰和沃斯通克拉夫特的论述),他写道:

> 西方政治历史表明,在现代,平等的尊严已经取代了社会地位带来的荣誉,成为个人政治地位的基础。如今,故事还在继续,仅仅因为我是一个人,我便拥有尊严。这份尊严给了我作为一个公民面对国家的地位,也给了我被他人尊重的权利。之前,我的政治地位首先取决于我是谁(更尊重出身好的人,地位低的人不受尊重),也取决于我作为特定的群体表现是否得体。大致说来,情形就是这样。

1948年通过的《意大利宪法》第3条(后来这个宪法进行了很大修改,但没改这一条)很经典:"所有公民都享有平等的社会尊严,在法律面前一律平等,不分性别、种族、语言、宗教、政治观点、个人及社会地位"。[1]

"但是,"拉瓦克－曼蒂继续谈道,"这就带来了很复杂的问题。"其中之一就是欧洲人利用他们陈旧的、现有的价值观来为新的价值观辩护,这是人之常情。拉瓦克－曼蒂观察到"贵族的社会实践和价值观本身被用来建立和塑造现代性。"他认为,近代早期的非贵族(如伯尔和汉密尔顿)用剑或手枪决斗,对于奇怪的平等主义,这就是一个恰到好处的例子。同样,在1877年易卜生的《社会栋梁》中,一个批发商人参照他(高贵的)维京祖先的做法达成了一项协议:"就这么定了,伯尼克!北欧人一言九鼎,你知道的!"一个美国商人会用牛仔传说作类似的保证。基督教的社会实践和价值观也被用于建立和塑造现代性,比如在上帝面前放大亚伯拉罕式的个人主义,社会福音运动及天主教社会训导,然后是出于慈善宗教教义的社会主义,再就是出于管理宗教教义的环境主义。在中世纪大学(模仿自伊斯兰世界),以及17世纪皇家学会以及1810年后的洪堡现代大学中,欧洲知识实践和价值观是基于传统的知识等级原则。但随后它们都被用来维护任何辩论者的尊严。博客圈就是个例子。

在一段时间内,欧洲独一无二的个人自由观念仅对所有自由人有效。这种观念是从更古老的资产阶级自由中概括出来的,一个个的城镇接连承认了这种古老自由的存在。最后,令人吃惊的

---

[1]. 相比之下,1789年法国《人权宣言》和《公民权利宣言》中唯一稍微不那么彻底的表述就是第一条:"人在权利上生而平等,并一直保持自由平等。社会差别只能建立在大众利益的基础上。"—作者注

第九章　人文经济学的撒手锏级应用证明"经济大爆炸"源自伦理和修辞

是（让一些保守主义者持续苦恼的是），奴隶、妇女、年轻人、性少数群体、残疾人和移民也拥有了这种自由。这项原则就是只要你有的权利，任何其他人也都应拥有。即使在18世纪末，许多人仍无法想象这样的平等。现在这种平等观念仍是普遍存在的，至少在宣言中是如此。这种普遍性激励着普通人，将大众引入经过商业检验的改良世界中，这个世界是他们自己创造的。道格拉斯·诺斯、约翰·沃利斯和巴里·温加斯特在其《暴力与社会秩序（2009）》中，将从"有限权限"到"开放权限"社会的转变解释为从诺福克公爵的个人权力到汤姆、迪克和哈丽特等平民的非个人权力的转变。另一个关键词是自由主义。想想针对所有贵族的大宪章和针对城市所有公民的宪章，最后，我们的宗旨终于变成了"人人生而平等"。

这种原则性的改变可能早些时候就已经发生了，可能是在其他地方诞生，并且像18世纪以来的自由主义思想一样一直存在。但事实并非如此。在伯里克利时代人们认为雅典城邦将永恒的存在，希腊帝国无疑展示了它（在海军方面）对暴力的垄断地位。除了那些"烦人的"奴隶、妇女、盟友和外国人，所有人都被赋予了正义。伯里克利在他的祭文中谈到了雅典，"我们被称为民主国家，因为政府掌握在多数人手中，而不是少数人掌控……在私人纠纷中，所有自由人（自由男性公民）及类似人口都享有平等的正义……贫穷也不是障碍，但是不论一个（自由）人生活得多么不尽如人意，也要造福他的国家。"民主是法律面前的人人平等，而且，正如伯里克利、亚历西斯·德·托克维尔和我要补充的那样，民主更是尊严的平等。比如托克维尔曾顺带提到，19

世纪 30 年代，美国人对上层社会缺乏尊重。自由主义。阿尔菲德·雷肯德里斯指出，自由主义是魏玛德国的特征，但这个国家因缺乏道德而落败。观念比物质重要得多。当修昔底德指出"道德词语（如正义）失去了意义"时，正如在暴民统治中托克维尔所担心的，雅典民主也衰落了，而这种道德的缺乏如今又在反移民民粹主义中复活了。

在最近出版的"资本主义"公共历史中，作为编辑之一的拉里·尼尔对"资本主义"这个词给出了新制度主义的定义，即私人产权；第三方可执行的合同；拥有响应报价的市场；支持性政府。他似乎没有意识到，前三个条件几乎适用于每个人类社会。他可以在哥伦布发现美洲大陆之前的玛雅市场和原住民贸易集会中找到这三点特征，在 10 世纪的冰岛议会和公元前 12 世纪的以色列领袖（又称"士师"）中也能找到。"资本主义"在这个意义上并没有"崛起"。

第四个条件"支持性政府"恰恰是重要转变产生的原因，从此，资本主义开始朝着自由放任和社会尊严发展，虽然实施缓慢，但西北欧独有的自由主义开始出现。大多数人拥有了尝试的机会，自由和尊严带来的真正崛起并非贸易本身的发展，而是经过商业检验的改良。所有人都平等地享有自由和尊严，虽然这一理念至今都未能完全实现，仍在贯彻过程中，但它引发并保护了物质和精神方面的惊人进步。对于欧洲及紧随其后步入经济大爆炸的地区来说，至关重要的是新兴资产阶级平民的经济自由和社会尊严。在 1700 年后，特别是 1800 年后的英国，该因素在更大范围内鼓励了人们进行大规模的改良，这也意味着新发现的方法

第九章 人文经济学的撒手锏级应用证明"经济大爆炸"源自伦理和修辞

经受住了日益自由的贸易的考验。

因此,人文主义的学习就是撒手锏级的应用。赫伯特还没告诉我他是否满意。

第十章
自由主义尊严做到了这一点

对所有人的社会荣誉,以及小说、戏剧、政治、哲学和政治名言中包含的自由主义理念都是普遍尊严的具体体现。当和自由主义结合在一起时,普遍尊严就成为鼓励人们进入新行业并捍卫他们经济自由的充分必要条件。

一直到1945年,欧洲犹太人都是一个棘手的反例,在17世纪的荷兰和18世纪的英国,以及后来的德国和其他地方,犹太人逐渐获得了尝试的自由。从法律上讲,到1900年,从爱尔兰到奥地利帝国,犹太人可以从事任何职业,接受任何创新思想。但在欧洲的许多地方,社会从未鼓励他们进步或给予他们尊严以捍卫自由。汉娜·阿伦特写道:"面对犹太人在政治、经济和法律上的平等,社会清楚地表明,没有一个阶级准备给予他们平等的社会地位……犹太人不再是政治和公民的弃儿,但是他们还是社会贱民。"没错,本杰明·迪斯雷利在1868年成为英国首相;路易斯·沃梅尔·哈里斯在1876年当选都柏林市长;路易斯·布兰代斯在1916年成为美国最高法院的助理法官。然而在1933年之后的德国，只有很少的非犹太医生或教授反对将犹太人驱逐出他们的队伍。犹太人不庄重。在基督教世界的大部分地区，除了美国、英国、丹麦和保加利亚的部分区域，犹太人都是政治和社会的弃儿。

诚然，所有平民的自由和尊严是一种双面的政治和社会理想。历史有许多巧妙的段落，牵强的衔接。资产阶级冒险的自由与工人的自由是一致的。当工人获得投票权时，他们会在社会主义知识阶层的支持下投票，通过扼杀经济增长的法规。成功企业家和富有食利者（靠房产和投资生活的人）的傲慢压倒了工人的尊严，法西斯主义知识分子为他们加油。这就是自由民主不可避免的紧张关系。这就是知识分子挑拨离间的教条。

感谢上帝，感谢17世纪英国的平等主义者和洛克，18世纪的伏尔泰、斯密、富兰克林、潘恩和沃斯通克拉夫特，他们都是先进的思想者，正是由于他们，平民，包括工人和老板，才第一次从古老的等级观念中解放出来，摆脱了贵族绅士"自然而然"对平民的统治。亚里士多德说过，大多数人生来就是奴隶。"从出生的那一刻起，有些人就注定要臣服，有些人注定要统治。"塞维利亚主教圣依西多禄说，"对于那些不适合自由的人，（上帝）仁慈地给予了奴役。"从农业和土地所有权开始出现就一直如此。长期以来，与工作所得的财富相比，继承的财富一直被认为是无可指责的，人们对此心存疑虑。想想南亚古老的种姓制度，最辛苦的工人在最底层。再看看儒家学派，它强调五种关系，包括君臣、父子、夫妇、兄弟，以及唯一没有等级制度的朋友关系。

将国王类比为国家的"父亲"，因此国王就拥有了"自然而

第十章 自由主义尊严做到了这一点

然"的优势地位,这一比喻统治着西方(以及世界其他地区)的政治思想,直到托马斯·霍布斯的出现才有所改观。霍布斯认可的英格兰国王查理一世在 1649 年的断头台演讲中宣称"臣民和君主完全不同",这只不过是一个普遍而古老的概念。但从那时起,对于一些更大胆的思想家来说,王权等同于父权、贵族制度等概念渐渐变得没那么合乎情理了。1685 年,平等派理查德·伦博尔德被处死时在刑台上宣称:"我敢肯定,没有人生来就比别人高贵;因为没有人背着马鞍来到世上,也没有人用靴刺赶他。"当时聚众嘲笑他的人中能同意这个观点的寥寥无几。而一个世纪后,许多人开始赞同他。到 1985 年,这个观点早已深入人心。

事实上,平等主义情绪的流露曾不时动摇世界上所有农业社会,正如公元 30 年左右拿撒勒人耶稣所说的那样"你们既做在我这弟兄中一个最小的身上,就是做在我身上了"(马太福音 25∶40)但是从 17 世纪开始,这种撼动持续不断,直到现在变成了一场关于全人类平等的滚动地震。赞美上帝啊。

在 19 世纪,欧洲人已经看不到古老的喜剧情节了(如果宝莱坞没改编的话),比如年轻情侣愚弄老人令人发笑,或者情侣惨遭老人阻碍。这是因为在经济主导权方面,年轻人所体现和拥有的人力资本取代了老年人手中的土地资本。

因此,即使是父权制也开始被撼动。直到今天,大多数美国和斯堪的纳维亚半岛的孩子反抗他们的父亲时并不会受到惩罚。《利未记》中有几行常常被用来咒骂同性恋者,在那之前的四节经文里,传说中的作者摩西发出指令:"凡咒骂自己父亲或母亲的,都必须处死。"这首诗将谴责自由主义国家的大多数青少年、同性恋者,以及不遵守圣经律法将羊毛和亚麻混纺者[1]、月经后没有沐浴仪式的女人。

在其漫长而艰难的发展过程中,激进的再洗礼派、贵格会教徒、废奴派、唯心论者、革命者、女权主义者以及在"石墙事件"中与警察抗争的美国变装皇后[2],都接受了这种疯狂的观念,即任何人来到这个世界时都有尊严,没有人背着马鞍来到世上。到目前为止,在自由国家,证明该观点不合理的责任已经果断转移到保守派、二流政客、天主教主教、乡村俱乐部的"老顽固"上校和反对19世纪60年代新思想的反动派身上,因为他们认为等级制度、对等级和性别的无限忠诚是美好的,符合自然法则。

伦博尔德"生来没有马鞍"式的想法也表达了一种为合法性而斗争的观念,一种国王和人民之间的契约。正如伦博尔德在他的演讲中所说,"我认为国王有足够的权力使自己变得伟大;人民也有足够的权利获得尽可能多的财产来使他们自己幸福;他们之间似乎订立了契约。"注意"似乎订立了契约",这项资产阶级契约类似于亚伯兰与上帝的土地契约,茨温利之后,这一犹太人"契约"的说法就在新教徒中普遍流传了。这种君权契约的条款在17世纪变成了一种常规的比喻,就像霍布斯和洛克论述的一样,然后在18世纪变得更加常见。路易十四宣称他与臣民的关系"仅仅是对等义务的交换。(臣民)希望得到公正对待,我们收到的尊重,仅仅是他们对此的回报。"腓特烈大帝声称,他认

---

1. 此处指旧约律法,"不可穿羊毛、细麻两样掺杂料做的衣服。"(《申命记》22:9-11)。
2. 变装皇后:男扮女装的男性同性恋者。

第十章　自由主义尊严做到了这一点

为自己受到臣民们类似协议的统治,称自己只是"国家的第一位仆人"(尽管当他想实行专制时并没有克制自己)。

即使在专制的法国和普鲁士王国(也许俄国不是这样),君主也必须尊重财产权。私有财产和法治并非诞生于1688年。因此,自由和尊严中自由这一概念的出现也早于这一时间。在1647年的普特尼辩论中,理查德·奥弗顿宣称"所有人生来都平等、同样地赞成行为规范(即获得和拥有财产的平等权利)、自由和尊严。"人类作为一个群体,拥有足够的财产使自身"幸福"(这是17世纪末出现的一个新议题,至少与中世纪贵族尊严和牧师神圣地位等问题相比来说是新的),这项协定对当时的少数进步人士来说是至关重要的,然后从18世纪开始被越来越多的欧洲人接受。在1789年第一次通过的法国《人权和公民权宣言》中,最后一条(第17条)用非常温暖的措辞谈到了财产:"财产是一项不可侵犯的神圣权利。"《宣言》第2条将财产列为"自然且不受时效限制的"四项权利之一:"自由、财产、安全和反抗压迫。"

联合国1948年通过的《世界人权宣言》中的一条(上帝的小玩笑,这条编号也是17)宣布(尽管在一个倾向社会主义的时代,措辞比1789年的宣言要冷峻得多):"每个人都有单独和联合拥有财产的权利;不得任意剥夺任何人的财产。"同年生效的意大利新《宪法》第42条仍然冷峻地指出:"私人财产受到法律的承认和保障,法律规定了其取得、享有的方式,以及确保其为所有人享有的社会功能的相关限制。在法律规定并有赔偿条款的情况下,私人财产可以出于普遍利益的原因被没收。"20世纪,社会主义倾向于用"社会功能""人人享有"和"普遍利益"来证明对私人财产的征用是合理的。1986 年,澳大利亚工党总理鲍勃·霍克提出了一项人权法案。其中没有提到财产权。

在 20 世纪,即便是本质上反民主反人民的政党,其话语也响应了追求生命、自由和幸福的修辞设定。这类政权站在卢梭的"集体主义柜台"后,认为政党或元首能弄清人民的公共意志。这样就不需要私有财产了。政府会处理好一切。

我注意到,民主多元化是双面的。根据卢梭和蒲鲁东的理论,拥有财产无论怎样都是盗窃行径,渐进式再分配扼杀了改良。阿根廷就是一个例子,委内瑞拉最近也沦陷了。这样的案例让我想起了 1916 年美国记者 H·L·门肯冷酷的俏皮话,即民主是"一种理论,普通人知道他们想要什么,并且应该得到什么,他们可太清楚了。"他还说"民主是在猴笼中经营马戏团的艺术和科学。"然而,在平衡的另一端是民粹主义者对适度再分配的承诺,这将社会主义民主国家从革命的混乱中拯救出来,尽管他们明白大多数福利归有投票权的中产阶级所有,例如免费高等教育。最低工资也是如此,它保护中产阶级工会会员,并在很大程度上支付给在当地酒吧工作的中产阶级子女。想想战后的德国,或者美国新政在此类问题上的表现。

从 1517 年到 1848 年,甚至直至今日,世界上慢慢受到质疑的是自古以来缺乏政治自由和社会尊严的状况,这离不开 16 世纪的宗教激进分子、十七八世纪的政治激进分子,以及十九二十世纪的废奴主义者、黑人、女权主义者、同性恋和贱民激进分子的努力。这种质疑在鼓励经过商业检验的改良方面产生了戏剧性的结果。17 世纪 40 年代的英国平等主义者并非现代憎恨财产的

第十章　自由主义尊严做到了这一点

社会主义者，他们要求的是自由贸易。按照当时的标准，他们的这一要求证明了他们是可怕的创新者，就像创造普遍选举和年度议会的人一样。

以往人们认为"自由"是给予城镇的基尔特公会会员或长袍贵族的一种特权。因此，唯一的"尊严"是从这些人和授予他们特权的封建领主那里继承来的，或者是他们仁慈地转赠给你的，你是他们"生存链"中最卑微的仆人。质疑以上这些观念使我们变得既自由又富有。人们可以在历史、哲学、文学和时代话语中找到证据，但仅依靠价格和收入、贸易流通和阶级利益则不行。勃艮第荷兰公爵菲利普·古德在1438年迫使骄傲的布鲁日市加入他日益膨胀的权力帝国。他通过剥夺布鲁日"特权"的方式实施暴政。但是他的孙女——勃艮第公爵夫人玛丽，被迫签署了"大特权"，即低地国家的资产阶级大宪章，把这样的自由还给所有的城市。法律面前人人平等。

拥有或被授予大多数人被剥夺特权的，不仅仅是公爵和公爵夫人，"人类等级"再现。等级制度被资产阶级本身重新改造成商业形式。甚至在资产阶级大放异彩的第一个北方家园荷兰也是如此。20世纪30年代荷兰的一首著名的激进诗，由扬·格雷斯霍夫（因为他在自己工作的报纸上刊登这首诗而被解雇）在没什么新闻可报道的日子里写下。诗里谈到了资产阶级知识分子的保守派，部长、医生和律师公证人在某个晚上一起在阿纳姆城镇广场上得意地散步。"地球上没什么可学了，他们完美且即将寿终正寝，古老的自由主义者们（欧洲的说法）可疑却仍旧健康。"对于现在要打破的等级制度，建构它的人原是资产阶级本身的成员,在可以侥幸逃脱时,他们摇身一变成伪"新国王"、伪"新骑士"。因此,佛罗里达州的一位娇妻紧紧抓住她富有丈夫的胳膊,对着电视镜头,以穷人为主题,宣称:"我们不为失败者费心。"也因此,美第奇家族学习惯常技能成为医生,通过创业成为银行家,然后通过暴力成为大公爵,最后通过固定的继承等级制度和合法的强制垄断维持他们的公爵身份。

经济史学家乔尔·莫基尔指出,荷兰人在18世纪变得保守,"在工业革命中扮演了跑龙套的角色。"由此他得出结论,麦克洛斯基强调资产阶级自由和尊严的新意识形态肯定有问题。毕竟,荷兰人很早就拥有了自由和尊严。但我刚才说过,资产阶级同样有能力重施等级制度,让自己变得尊贵,进步就会被逆转,这就是荷兰摄政王的所作所为。莫基尔口中18世纪荷兰人"失败"了的共识本就是错误的。他们并没失败,而是像伦敦人一样,根据比较优势理论,放弃了自己的一些工业项目,转而成为银行家和普通商人。我只是说新的意识形态是在17世纪90年代随着威廉国王从荷兰来到英国的,不管荷兰人自己后来是否实践了这一意识形态,我所说的都是事实。在荷兰早期的黄金时代,荷兰人凭借他们的自由主义思想确实做了很多改进。我同意,由部长、医生、律师统治的荷兰社会后来彻底停滞不前了,但国界又不是像计算机计数那么严格。如果我们要把保守主义归咎于18世纪的荷兰人,我们也必须归咎于英国南方人,因为他们也转向了贸易和融资行业,放弃了自己的工业实力,在基金中剪息票,坐在被公园环绕的大房子里,像荷兰人一样坚定遵从等级制度,尽管这些在英国北部工业区或比利时南部工业区已经不太重要了。

莫基尔还使用了惯性这一未说出的论点：社会变革一旦启动，则必须是永久性的（否则它一开始就不存在，这就是为什么莫基尔认为低地国家的自由意识形态对创新的推动不如科学重要）。他强调新科学和文学界是经济大爆炸的摇篮，而不是对新兴资产阶级自由和尊严的新认识（顺便说一下，这在当时很可能极大地鼓励了科学和文学界），而惯性的论点则为这个观点引出了不小的麻烦。毕竟，十七世纪的荷兰人发明了望远镜和显微镜，而同时期众多其他科学设备还停留在摆钟的水平。如果是科学促成了经济大爆炸的话，为什么这一惯性没有推动他们进入工业革命和经济大爆炸呢？荷兰的案例更好地证明了资产阶级尊严的重要性，这种尊严一直支撑着荷兰成为世界上最富有的国家之一。用荷兰的例子对科学进行论证并不充分。在这方面，荷兰确实有所动摇。

大约在1700年，伦理和修辞发生了变化，开始打破古老的针对社会改良的束缚，无论这种束缚是来自旧骑士还是新垄断者。这种变化是解放性的、启蒙性的、自由的（这是苏格兰的意义上的自由，允许人们进行创新，将平等的自由放在首位，而非卢梭口中财富均等的结果）。而且这种破坏很成功。正如其更有魅力的保守派敌人之一的叶芝所说：

洛克昏倒；
乐园将芜；
上帝从他的肋骨
取出珍妮纺纱机。

第十一章
思想是基础，而非动机

恰恰相反，一些人认为从贵族宗教价值观到资产阶级价值观的修辞转变，以及我所说的"资产阶级重估"[1]（即资产阶级价值观广泛的社会和政治认可）一定有经济或生物学基础在支持，这仅仅是一种唯物主义经济观的偏见。俄亥俄州立大学的政治学家、历史学家约翰·穆勒认为，在过去的几个世纪里，战争就像奴隶制或妇女的从属地位一样，已经逐渐让人感到不体面了。重要的思考和言语习惯确实会改变，就像雅典变得民主，罗马基督化，或者北德开始崇尚新教一样。在17世纪，主人可以例行公事地殴打他的仆人，可现在不行。这种变化并不总是由利益、效率、阶级冲突或效用最大化的冒险引起的。资产阶级重估也有法律、政治、个人、性别、宗教、哲学、历史、语言、新闻、文学、艺术和偶然因素等原因。想要理解资产阶级重估，我们也必

---

[1] 资产阶级重估（Revaluation）：是本书作者提出的欧洲发展过程中5个"R"因素之一，正是这一因素在经济大爆炸过程中扭转了保护主义意识形态，代之以自由主义意识形态。

须研究这些因素。

经济学家迪帕克·拉尔在法律历史学家哈罗德·贝尔曼的基础上，呼应了亨利·亚当斯的旧观念。他认为，格列高利七世"教会至上"的主张在11世纪促成了巨大变化。也许是这样。我并不急于反对像拉尔这样的设想性解释，尽管这些观点和我的主张颇有不同，可他至少没有依赖不加思考的唯物主义。但对于他提出的更早、更广泛的源起（如亚伯拉罕宗教中的上帝面前人人平等或格雷戈里之战），其问题在于，现代性源自荷兰和英国，而不是彻底信奉新教的瑞典或东普鲁士（康德除外）或彻底信奉"教会至上主义"的西班牙或那不勒斯（维科除外）。在欧洲历史中，我们最好将相关政治态度发生广泛变化的时间确定为1700年前后，比拉尔敲定的时间晚一些，这样的推算更符合历史上的发现，因为直到18世纪，亚洲一些国家在富裕和自由程度上看起来还和欧洲旗鼓相当。在欧洲，这一时期正在发生的是普通人的生老病死、16世纪宗教改革的剧变、法国天主教徒和胡格诺派教徒之间的长期内战（1562年—1598年）、荷兰对西班牙的反抗（时间更长，1568年—1648年）以及17世纪的英国革命（1642年—1648年）。与经济相关的态度转变发生在17世纪末和18世纪初，体现在北海沿岸人们新颖的思考中。这种思考在字面上体现在小说中，不同于浪漫主义小说，人们认为普通的生活才是经济的终极目标，而非英雄式的或神话般的生活。看看1719年的《鲁滨孙漂流记》，1749年的《弃儿汤姆·琼斯的历史》。用哲学家查尔斯·泰勒的话来说，这是"普通生活的神圣化"。

研究技术和激进启蒙运动（开创性的新造词）的历史学家玛

第十一章 思想是基础，而非动机

格丽特·雅各布强调了 16 世纪 80 年代的衔接作用，她的口吻令人信服。英荷认为专制主义是"我们所谓'启蒙运动'的催化剂"。她的意思是，启蒙运动的兴起源于英国、法国对天主教专制主义的反抗。查理二世暗中鼓励这种专制主义，他的兄弟詹姆斯二世则对其表示公开支持。

同时在路易十四统治时期，法国撤销了《南特敕令》（1685 年），路易还秘密向查理斯和詹姆斯提供帮助。杰克·戈德斯通观察到，在 16 世纪 80 年代的英国，甚至连《普通法》都受到了攻击，这表现在对理查德·伦博尔德的审判和处决上。换句话说，是政治，而不是经济唯物主义，开启了莫基尔所说的工业启蒙运动。毕竟，信奉绝对主义和天主教的法国与反绝对主义和信奉新教的英国都是秉承重商主义的国家。这样一来就不是重商主义的问题了。荷兰人、法国人和英国人，更不用说葡萄牙人和西班牙人，他们早就是帝国主义者了。那就也不是帝国主义的问题了。所以发生改变的是政治和社会思想，而不是经济利益。

启蒙运动中常见的思想是伦理和政治方面的。例如，要想解决问题，必须通过公开辩论，而非运用政治力量（也许人们不总是这么做）。这个"新"的"元思想"是伊拉斯谟人文主义和古老修辞学传统的体现。尽管"谁统治就信奉谁"这个原则已经引发了死伤无数的斗争，但是宗教改革最终还是朝着伊拉斯谟的方向发展了。在激进改革"非等级制教会管理"的理念指导下，为改革牺牲的人更多了，但先进的思想变得更加民主了。这些思想来自欧洲，从苏格兰传播到波兰，但最早的起源地是欧洲纷乱的西北边缘。如果没有这样的思想，现代世界可能在一段时间后还会在欧洲出现，只是方式不同。比如说，出现一个中央集权的法国版本。从经济角度来看，这个版本不会有这么好的效果（但菜肴的确会好吃一些）。

贵族们说，他们鄙视经济贸易和改善民生等丢脸的行当。美第奇银行只维持了大约一个世纪，因为后来的管理者对与贵族交往更感兴趣，而不是向商人提供合理的贷款。学院派知识分子尽管言辞严肃，令人钦佩，但他们并没有在实验中躬身入局（像罗吉尔·培根那样因辛劳而被"入狱"的少数人例外）[1]。16世纪的荷兰和英国商人，追随他们最早一批从商的地中海"表亲们"，发展了实验和观察生活的概念。启蒙运动就是人们对这种普通生活态度的转变过程。国王、公爵和主教的稀有荣誉将不复荣耀，相反，这种荣誉将被广泛授予伦敦的商人、银行家和美国的电学实验家。随之而来的是法院和政治缓慢的相对贬值。

正如政治理论家、思想史学家约翰·丹福所述，在18世纪中叶，人们争论的焦点是，"如果商业活动蓬勃发展，自由社会能否实现"。辩论中反商业的一方，就像波科克和其他人所展示的那样，最推崇的模式是罗马共和国，尤其是希腊斯巴达。采用凯姆斯勋爵的传统说法，雅典、迦太基又或当代英国所青睐的庸俗商业会引入"奢侈和淫乐"（此时辩论达到高潮）。这将"根除爱国主义"，至少消灭古老的自由，即参与的自由。随着斯巴达人征服雅典，一些更有活力的国家也将崛起并征服英国，或者至

---

1. 一些现代研究指出培根被监禁的说法来自于他死后八十年左右的记载，并不可信。此处为作者对这一失实记载的讽刺。

第十一章 思想是基础，而非动机

少阻止"如此繁荣的进步……爱国主义能支配每个人的感情。"人们在当下仍然能听到这种说法，例如在美国，人们对"最伟大一代"的怀旧式赞美（包括实行私刑、警察殴打公民和当时的收入。以当今的美元标准计算，1945年左右人们的收入大概相当于后来的四分之一），并将其与我们后期衰落的荣耀（包括民权、警察民事审查委员会、至少高出三倍且质量也高得多的收入）相比较。在美国《国家杂志》和《国家评论》中，这种带有斯巴达理想的民族主义、牺牲主义、古典共和主义的观点层出不穷，欧洲也有类似的情况。

相反，休谟在回答诸如凯姆斯的论点时说，商业对我们有好处。他说，乔治王朝时期的重商主义和海外帝国主义在政治方面的帮助一点好处也没有。丹福写道，休谟反对"政治至上。在这种对政治生活的诋毁中，休谟是完全现代化的，似乎在一些重要方面与霍布斯和洛克的个人主义一致。"丹福指出，当时的欧洲明显不稳定，霍布斯认为："当时的欧洲明显缺乏安定，如果政治制度只被视作一种（通过契约）保证安全和繁荣的手段，而不是某种道德（或者救赎或老帝国）的规约；那么，这种安定就可以最有效地获得。"丹福指出，"这是对政治的极大贬低"。以往的政治是一小撮"顶尖人才"施展最高美德的公众舞台，而现在却沦为工具和方式。我们在当今世界很难看出这种"贬低"的新奇之处，因为我们并不清楚历史上的政治有多奇怪。现在我们默认，为了保障这些权利，人类才在他们之间建立政府，而政府之正当权力，是经被治理者的同意而产生的。政治不再仅仅是贵族的玩物，也不再是《狼厅》¹里的致命游戏。

休谟谈到了"国家的伟大和臣民的幸福之间的对立关系"。在早些时候，马基雅维利可以轻易地将王子的伟大作为政体的目标，至少在他向美第奇掌权者谋求职位时是这样的。斯巴达的目的不是斯巴达妇女、奴隶、盟友的"幸福"，甚至在物质意义上，并非斯巴达本身的幸福。"异乡的过客啊，请带话给斯巴达人，说我们踏实地履行了诺言，长眠在此。"亨利八世统治下的英格兰，其全部意义在于亨利承蒙天恩作为英格兰、法国和爱尔兰的国王、英格兰国教的捍卫者以及地球最高领袖的荣耀。皇家或贵族不复荣耀就意味着资产阶级将要掌权。这一变化在荷兰就发生了。

无论曾经还是现在，秉承浪漫主义的人，在国王和国家问题上依附于右派，在革命上又依附于左派，嘲笑启蒙运动。启蒙运动的独特之处恰恰是普通、平和的人在普通、平和的生活中得到了提升，贸易在强制的垄断中得到了发展。

瑞典政治学家林瑞谷对"为什么首先从欧洲开始"这个问题的回答，是从简单且真实的三个要点开始的：

（1）所有的变化都从最初的思考开始（即这种变化是合理的）。

（2）有创业机会（将改变付诸实践）。

（3）"多元化"或"宽容"。

我更愿意称这种宽容为"资产阶级时代的意识形态"，即

1.《狼厅》：英国电视剧，讲述了亨利八世统治下都铎王朝的世态百相。

第十一章　思想是基础，而非动机

资产阶级重估。大多数天生保守的人都厌恶别人动自己的"奶酪"，而资产阶级重估就是对抗这种厌恶情绪的方式。"当代的英国、美国或日本不是现代化的，"林瑞谷写道，"因为这些国家会抑制有着独特品质的个体，他们善于思考，具有企业家精神并且心胸开阔。"没错，韦伯、心理学家戴维·麦克利兰或历史学家大卫·兰德斯利用的心理学假设是经不起证据验证的，例如海外华人的成功，中国经济从贫困时期的饥荒到人均 GDP 每年增长 10% 的快速转变，或者印度自独立后缓慢的经济增长和许可证制度[1]到 1991 年以来人均 6% 以上的经济增长。为什么大众心理会变化这么快？具有创业精神的人从人口数的 5% 上升到 10%，可能能促成五世纪的雅典等早期繁荣，但怎么可能实现 1800 年以后增长系数为 30 的经济大爆炸呢？

但不幸的是，随后林瑞谷开始以道格拉斯·诺斯的风格争辩，"现代社会是制度化的社会，所以变化会轻松、自主地发生。""制度"这一说法的问题在于，正如林瑞谷本人之前在另一篇相关文章中指出的，它回避了源起的问题。[2] 它同样也回避了强制性执行的问题，强制性执行取决于伦理和观点，这些在新制度主义中都未被谈及。经济史学家埃里克·琼斯在谈到英国行会限制的衰落时写道，令人意想不到的是，人们对待精英观点的态度

---

1. 许可证制度：是印度用来限制外资，借高关税等手段管制海外商品进入印度的政策。1991 年取消。
2. 林瑞谷对英语（不是他的母语）的理解能力非常出色，他准确地使用了"回避问题"，这一短语被广泛误解为"提出问题"。"回避问题"意味着把你的结论插入前提，循环推理，循环论证。

发生了全国性转变，对此法院也起到一定作用：

> 法官们经常拒绝支持行会试图施加的限制……早在17世纪初，城镇就时常输掉他们诉诸法庭的案子，这些起诉的目的都是迫使新来者加入他们的行会……1616年，纽伯里和伊普斯维奇的案子是一个关键案例。在这种情况下，此次裁决成为了普通法先例，大意是不能强迫来自本行政区以外的"外来人"加入行会。

林瑞谷的写作清晰、博学、文采斐然，他用150页的内容探索了欧洲科学、人文主义、报纸、大学、学会、戏剧、小说、公司、财产权、保险、荷兰金融、多样性、国家、礼貌、民权、政党和经济的起源。他是一个真正的比较主义者（他在中国教过几年书），这让他与其他一些诺斯派人物形成了鲜明的对比，尤其是优秀的、让人怀念的道格拉斯·诺斯本人。因此，林瑞谷并不认为欧洲的事实能很好地说明这个问题。接下来的100页写作水平甚至比之前更高，在其中他收回了许多隐晦的说法，比如无论"制度化"与否，欧洲在古代都是特殊的存在。在为中国人进行"思考""企业家精神"和"多元化、宽容"三方面的分析后，他的结论是中国人做得非常好。"中国人（在海上）至少和欧洲人一样勇猛"；"中国对商人和投资者的财产权几乎不构成任何威胁"；"到公元前400年，中国的铸铁产量已经相当于欧洲1750年的水平"；"儒家思想是一种非常灵活的学说"；"中国的商业化要彻底得多"；"欧洲的沙龙和咖啡店……在某些方面非常中国化。"他知道这些情况，而诺斯派的学者似乎并不了解。中国早

第十一章 思想是基础，而非动机

就已经有了银行、运河、大型专业公司和私有财产，而诺斯学派认定 17 世纪末英国才出现这些现代化设施，中国比欧洲早了几个世纪。

经济学家、历史学家希拉赫·奥格尔维批评了新制度主义者和他们认为效率决定一切的主张，相反，他主张一种"冲突"的观点，权力是其中的关键因素：

> 效率理论家有时确实提到制度会引发冲突。但是他们很少将冲突纳入自己的解释。相反，他们将冲突描述为原始存在的因素，是为了提高效率而存在的副产品……尽管农奴制（举个例子）在做大经济蛋糕时毫无任何效率可言，但在向领主分配大块蛋糕方面却非常有效，给统治者带来财政和军事方面的好处，给农奴精英带来经济特权。

新的政治和社会思想也是如此，它最终打破了一种意识形态，正是这种意识形态从伦理角度极为有效地证明了将大块经济蛋糕分配给领主的合理性。

那么，为什么要改变一个对精英如此有利可图的制度呢？当林瑞谷谈到公众舆论时，他又一次给出了正确答案，公众舆论理论在欧洲起步较晚，是偶然产生的，林瑞谷也反复谈到了这个问题。欧洲仍在出版的最古老的报纸是瑞典 1645 年开始发行的《国内外时报》，英国的第一份日报可追溯到 1702 年。1721 年，本杰明·富兰克林的哥哥詹姆斯在波士顿迅速模仿了办报纸的做法，并在少年本杰明的积极帮助下迅速发展起来，成为当局的眼中钉。也就是说，最重要的制度并不是经济学家所钟爱的"激励"，比如发明专利（事实证明这些专利并不重要，而且专利无论如何最终都是要普遍流传的，就像国家成立之初授予的垄断权一样）或财产权（这些权利在中国、印度和奥斯曼帝国得到确立和保护的时间通常比欧洲早得多，毕竟在欧洲，直到《罗马法》才有了足够明确的财产规定）。重要的是思想、语言、修辞和意识形态的"制度"。这些元素在经济大爆炸前夕确实发生了变化。1700年左右发生的社会变化是劝说氛围的出现，用林瑞谷的话说，紧接着就是了不起的反思、创业精神和多元化，也就是现代世界。

林瑞谷指出，"用制度的发展路径来解释制度本身是最好的选择"这一说法不总是正确的。这与他之前所说的内容自相矛盾，他在前面说的是实话：通常"制度先发展，需求后到来。"例如，英国社会改良的起源可以追溯到中世纪早期这一说法对新制度主义非常有用，可是事实并非如此。再比如说，英国《普通法》对于现代性来说很重要，事实也不是这样。历史学家大卫·勒布里斯已经表明，在大革命之前，法国北部采用的是《普通法》，南部采用的是《民法》，但在接下来的一个世纪里，两个地区的经济产出几乎没有明显的差异。此外，在意识形态转向时，没有上述法律体系的地方迅速发展出了替代方案，而且意识形态的转向往往是突然发生的，这样有利于改良的进行。

为什么是英国？大量证据表明，英语修辞发生了变化，有利于经过了商业检验的改良。荷兰人令人恼火的成功是这种变化的原因之一。荷兰共和国的成功令欧洲震惊。17世纪中叶，在重商主义和"贸易即战争"的风尚中，英国试图凭借《英国航海

第十一章　思想是基础，而非动机

法案》和三次英荷战争将荷兰的一些成果据为己有，这也是英国更大航海工程的开端，英国人开始效仿荷兰人（代尔夫特和莱顿）。历史学家保罗·肯尼迪在 1976 年写道："有压倒性的证据证明，对荷兰航海事业的嫉妒在各地广泛存在。"同样，关于英国人为什么转为崇尚资产阶级美德，历史学家马修·卡丹最近得出的结论是"他们与荷兰人进行了各种互动"。当时的英国打油诗写道："与荷兰人开战，与西班牙交好；那么自然而然，就有钱和生意。"然而，事实上与荷兰的战争并没有让英国变得富有。战争是昂贵的，荷兰海军上将特罗普和德·勒伊特不容易对付。实际上，是模仿荷兰人的这个做法奏效了。思想很重要。瑞典历史学家埃里克·汤姆森表明，当时被荷兰共和国经济成功吓到的不仅仅是英国人，尽管有些不情愿，英国人还是准备模仿荷兰人。

托马斯·斯普拉特在他 1667 年出版的《英国皇家学会史》中抨击了这种嫉妒、互动和模仿。他认为作为准绅士的"英国商人体面地生活在国外"，这值得称赞；但"那些荷兰人吝啬，只关心他们的收益"，这是可耻的。"我们的商人……他们的行为很大程度上体现了文雅气质，这是他们中许多人的高贵出身带来的（也就是说，当时流行把小儿子们送去经商）。而荷兰人在国外的表现证明他们只是普通人的后代"，是可耻的"市民"，就像当时反都市者讥笑中的用词一样。斯普拉特恼怒地指出，也许这是"他们的出价轻轻松松就能低于我们的原因之一"。有可能。1672 年约翰·德莱顿用类似的言语继续了斯普拉特的控诉。在他的戏剧《安博伊那，或荷兰人对英国商人的残酷》中，英国商人博蒙特对荷兰人说："对于交易中的吝啬，我承认我们无法与你们相比；因为我们的商人像贵族一样生活，你们的绅士就像布尔人一样生活，如果你们当中真有绅士的话。"布尔人即处于下层社会的农民。然而，乔赛亚·蔡尔德反对行会对布料的管制，以非贵族的、精明的角度表达了对荷兰人的钦佩："如果我们打算进行世界贸易，必须要模仿荷兰人。"最好我们也变成布尔人。

创造现代世界的是思想，而不是资本或制度。

第十二章
甚至是时间和地点

为什么是欧洲西北部？人文经济学的一个案例研究就能回答这个问题。

科学种族主义的顽强传统会将这个问题归因于种族或优生学，这与正确答案背道而驰（如今，一些经济学家和进化心理学家复兴了科学种族主义，他们对优生学历史的无知让人失望）。虽然浪漫的欧洲人在过去两个世纪中一直声称是英国的《普通法》、"欧洲个人主义"或黑森林中德国部落的传统让欧洲成为经济大爆炸的起点，但事实也并非如此。[1] "文化是至关重要的。"历史学家大卫·兰德斯曾如是说，他所说的"文化"是指人们因为古代欧洲的优势地位养成的长期习惯。但这也不是真正的答案。在完全非欧洲化、非德国化的地区，经济的爆炸式增长也是有目

---

1. 尽管我乐于承认，尼克·考恩、莉亚·穆尔塔扎什维利、劳福·萨拉霍杰耶夫即将出版的《个人主义与幸福（2021）》为个人主义提供了一个很好的例证，个人主义被理解为开明的利己主义，而非困扰左翼人士的自私自利，抑或"占有性个人主义"。—作者注

共睹的，甚至在印度，以及之前的韩国和日本这些所谓"非个人主义"国家的经济也得到了长足的增长。在很长一段时间里，各种族的海外群体所取得的经济成功也不容小觑，北非的犹太人、英国的帕西人以及悉尼的旧礼仪派都是如此。

然而，为什么中国没有开创像经济大爆炸一样规模的现代经济增长，这仍然是一个悬而未决的问题。现在你们都知道了，我笔下的"经济大爆炸"是人们在崇尚自由和资产阶级文明中获得的主要成果之一。中国有巨大的城市和数以百万计的商人，有财产安全保障和巨大的自由贸易区，当时北欧的资产阶级仍和城中仅有的几千人躲在他们小小的城墙后，全方位地提高贸易壁垒。中国存在内部贸易壁垒，但这些壁垒是中央统一实施的，与欧洲混乱的地方关税、计量单位或货币种类完全不同。中国有乡村学校，按照近代早期的标准，人口识字率和计算能力都很高。直到 1644 年明朝灭亡，中国人的受教育水平与欧洲人相比依然占优。19 世纪铁壳船出现之前，中国的帆船比欧洲人能集合的任何东西都大得多。在葡萄牙人设法乘着卡拉维尔帆船[1]这种小船到达非洲东海岸之前，中国帆船就已经能航行到那里去了，由中国到那里的航线可比葡萄牙人长得多。然而，葡萄牙人和中国人不一样，他们对航海事业坚持不懈。例如在 1497 年，为了庆祝圣诞节，将远在好望角附近的非洲东南省份命名为夸祖鲁－纳塔尔省，那是他们第一次到达那里。他们激励其他欧洲人争夺帝国范围和

---

1. 卡拉维尔帆船：是一款盛行在 15 世纪的三桅帆船，当时的葡萄牙和西班牙航海家普遍采用它来进行海上探险，体积远小于中国帆船。

第十二章　甚至是时间和地点

贸易份额，甚至在中国本土进行争夺。"我们必须航行，"被称为葡萄牙维吉尔的路易·德贾梅士在1572年吟诵道。格奈乌斯·庞培的古老宣言声称："航海是必要的；生活不是必需的。"从威尼斯和巴塞罗那，到汉堡和鹿特丹，这一宣言在整个欧洲广为流传。所以欧洲人确实去航行了，其他人没有这样做，至少不会像欧洲人那样疯狂寻找国内无法获得的奢侈品。特别是拥有高超技术的中国人，除了与印度洋地区和日本进行活跃的贸易外，并没有选择继续航行。如果他们像欧洲人一样对航行有那么高涨的热情，北美人和南美人现在说得语言将是广东话的一种了。

与当时欧洲的斗争相比，也许问题恰恰出在中国的团结上：热那亚对抗威尼斯，葡萄牙对抗西班牙，英格兰对抗荷兰，甚至鹿特丹都在对抗阿姆斯特丹。当时中国和其他帝国都达成了话语的统一，如莫卧儿帝国和奥斯曼帝国。任何大型的，专治的机构都认为自己是以这种方式统一起来的，如现代大学。在这样的"备忘录文化"中，没有理性话语的空间，因为君主甚至不必关注这些。想想你本地的院长或教务长，大学是所谓的致力于论证的机构，而在其中工作的院长和教务长们却没有丝毫的理性可言。巴林顿·摩尔指出，"理性讨论最有可能在最不需要它的地方，政治（及宗教）激情最少的地方蓬勃发展"（这里描述的不可能是现代大学）。

杰克·戈德斯通指出：

中国和印度的资本高度集中在商人手中；两国都在科学和技术方面取得了重大成就；两者都有广阔的市场。18世纪的中国和

糟糕的经济学

日本农业生产力及生活水平与同时代欧洲国家相比水平相当，或前者更高一些……在亚洲，政府对经济的监管和干预是适度的，原因很简单，大多数经济活动发生在商人和当地社区经营的自由市场上，在发达的统一社会中，这类经济活动超出了有限政府机构的能力范围，所以政府无法对细节进行监管。文化保守主义确实让此类社会中的经济活动循规蹈矩地发展，但这样的发展道路让大幅度的渐进性创新和长期经济增长成为可能。

嗯，他们能促成斯密式的"长期经济增长"——但并非经济大爆炸一样的爆炸式增长。这就是问题所在。

18世纪早期，英国出现了一个游说群体，当时他们与自由市场利害攸关。80年后，在美国建国后不断扩大的自由贸易区中，为自由市场游说的群体就更多了。1789年美国《宪法》第一条第十节规定，"未经国会同意，各州不得对进口货物或出口货物征收任何税款。"一旦新的说辞为新兴商业活动的发展赢得许可，就可以让足够多的人致富，从而创造他们自己的既得利益，以此反对当地精英通过重商主义[1]达到财富垄断。如果现在印第安纳州放松其正在实施的蓝色法规[2]，杂货店将在一段时间内形成一个游说群体，阻止政府重新实施关于冰镇啤酒销售的法律，这一法律实际是在人为地偏袒酒类专卖店。在过去的几个世纪里，这种新

---

1. 重商主义：本质是一种外贸主义。它主张政府直接干预经济，尤其是要垄断对外贸易，以各种经济干预手段来追求国际收支的盈余，从而为国家积累财富。
2. 蓝色法规：是对调整或禁止在星期日进行商业活动的制定法的总称，印第安纳州延续了与蓝色法规相连的星期天酒类禁令，周日杂货铺禁止销售酒类。

第十二章 甚至是时间和地点

兴利益提高了人们的容忍程度，让他们接受了创造性破坏、不可预测的生活以及远超祖辈水平的生产和收入。曼莫汉·辛格下台后，印度并未回到过度监管和保护主义的状态。莫迪将自由化继续了下去，虽然他本人支持的印度教民族主义可能成为印度追逐财富道路上的绊脚石。未来中国政府似乎不可能完全逆转这些经过商业检验的改革成果。正如诺斯、沃利斯和温加斯特所说，"创造性经济破坏使经济利益的分配不断发生改变，政治官员则很难通过设租[1]巩固自己的优势。"

　　城镇中运营着的市场和交易所，以及我所说的严格资产阶级生活（也不仅仅是在狩猎采集社会人们所期待的中间商，中间商在那时以珠子和回镖为一般等价物进行交易）当然没有古老到有数万年历史，毕竟在公元前一万年城镇和定居农业才刚刚产生。在阿拉伯东端，现如今的阿曼在公元前2500年曾是一个城市化的中间商，沟通往东数百英里外的印度河流域文明（现如今巴基斯坦所在地区）和波斯湾西北方数百英里外的苏美尔文明（现如今伊拉克所在地区）。莫妮卡·史密斯指出，印度在历史早期（公元元年前后几个世纪）的国家实力很弱，但"考古和历史文献表明，各种货物的贸易都在蓬勃发展"。这种贸易得到了非政府活动的支持，如商人行会组成"行会军队"来保护贸易和朝圣者（对照中世纪晚期欧洲的汉萨镇和他们用以镇压海盗的船队）。以她家乡印度中部的考丁亚普拉镇为例，镇上大约有700人，日常生活中会消耗砂岩（用于研磨杵）、云母（用于抛光陶器）和

---

1. 设租：是指权力拥有者利用权力获得非生产性经济利益的行为。

大米。这些东西在当地并没有，都是商人从 50 英里外的地方带来的。正如亚当·斯密所说，"分工一旦彻底确立……每个人都要靠交换过活，或在某种程度上成为商人，社会本身也成长为一个真正的商业社会。"

关键是，"商业社会"虽拥有资产阶级商业所需的各类分工，但它绝不是人类历史上出现较晚的"阶段"。商业社会和城镇一同出现，但即便城镇没有出现，贸易也会一如既往期待商业社会的到来。商业社会的意识形态最终会被重塑为自由主义。

第十三章
言辞是关键

在欧洲，而后是整个世界，导致发生变化的不是社会物质条件、"商业化"或新的财产安全状况，而是有关贸易、生产和改良的言辞，即有影响力的人讨论赚钱谋生这一话题的时候开始使用自由主义的言辞，例如丹尼尔·笛福、伏尔泰、孟德斯鸠、休谟、图尔古特·厄扎尔、富兰克林、斯密、潘恩、威尔克斯、孔多塞、小威廉·皮特、西哀士、拿破仑、戈德温、洪堡、沃斯通克拉夫特、巴斯夏、马蒂诺、密尔、曼佐尼、弗里德里克·麦考利、皮尔和爱默生。然后几乎所有人都开始这样说话，只有1848年后凝聚起来的一小部分反资产阶级知识分子除外，如托马斯·卡莱尔、李斯特、亨利·凯里、福楼拜、拉斯金和马克思（在2017年读到沃尔斯为梭罗所著的精彩传记之前，我以为梭罗一定是反商业知识分子之一，事实证明他并不是）。人们对贵族、宗教等传统价值观的诉求是资产阶级言论面临的主要挑战。而这些传统价值观的后续发展成为理论化民族主义、种族主义、社会主义、优生学和环境保护主义，以及以上理论的反自由主义成果。

糟糕的经济学

1700年前后英国发生的变革是一场资产阶级重估,它标志着尊重商业文明的出现,并且这一文明接受了资产阶级协定。正如我对阿特·卡登所说:"你让我,一个资产阶级,进行商业检验过的改良,那么在戏剧的第三幕[1],我会让你们所有人变得更富有。"西北欧及其后继地区中,不只许多精英,连普通人,都开始接受甚至钦佩资产阶级交换和改良的价值观,他们至少没有试图阻碍资产阶级的发展,甚至大规模的给予资产阶级荣誉。尤其在当时新成立的美国,精英阶层对资产阶级十分钦佩。随后,世界上更多地方的精英和普通人也都对资产阶级改变了想法。令人吃惊的是,现在印度也承诺要尊重资产阶级,至少不会极度鄙视他们或者征收过高税款。即使是在美国,也并非每个人都能做到尊重资产阶级,这就是困难所在。

唯物主义中的"机器"并非是不可取代的。正如亚历山大·格申克龙很久以前说的,"它们都有替代品"。我也说过,它们是机械表的齿轮,而不是发条。自由主义兴起,"手表"发条才能上紧,齿轮因此开始疯狂运转。但在此之前很久,日本、英国以及许多其他地方早就已经组装好了某种必要的"齿轮套件",比如和平和财产权,他们缺乏的是为自由主义提供的动力。

令人惊讶的是,相较于物质条件在人类生活中的常规性存在,隐喻、叙事、伦理和意识形态那些最初看起来是非物质、非机械的词语在人类生活中占比也相当大。在经济大爆炸中,资产

---

[1] 戏剧第三幕:指《阿特拉斯耸耸肩》中人物约翰·盖尔特的台词,盖尔特用三幕剧的形式概括了资产阶级发迹的过程。

第十三章 言辞是关键

阶级言论没有任何替代品。但在第一轮致富后,接下来致力于致富的人就另当别论了。当然,他们可以封锁言论,至少在一段时间内是能做到的。利用从资产阶级社会借用的致富方法,人们或许可以在封禁资产阶级言论的同时大量制造钢铁。然而在1700年,对于英国的商人和发明家来说,如果他们的资产阶级尊严得不到保护,企业可能就会因此而破产,这种情况在那时经常发生。这时,政府又会像往常一样停止改良来保护既得利益。在社会民主主义[1]的时代,政府也是一如既往保护特权阶级利益。

这种情况下,天资聪颖的人就会照旧选择军人、牧师或朝臣等职业,就像在今天选择从政和做公务员一样,不会成为商人。如此一来,18世纪初风靡英国的对系统性探究的偏好(系统的就是"科学的")就只能留于夸夸其谈,而不能迅速转化为发展的动力。在法国、意大利和德国就出现了这种动力转化过慢的问题。如果没有以英国和之前的荷兰为榜样的刺激,许多国家就会一直卡在"第一档"上。

不论效果与预期是否相符,言论都很重要。18世纪后期,汉娜·莫尔和威廉·考珀作品的受众有男有女,大众都急切地想要阅读他们的作品。这一群体激励了人们在指导性的赞美诗、小说和书籍中严肃的中产阶级价值观的建立。因此,"受过教育的读者群体规模越来越大,他们不仅在阅读中寻求消遣,还寻求指导"。同样,西哀士神父1789年的文章《什么是第三等级》对法

---

[1] 社会民主主义:是一种左派思想,支持在自由民主体制和资本主义经济体系下,通过经济干预和社会干预的手段促进社会正义。

糟糕的经济学

国政治产生了持久的影响。在《资产阶级革命的修辞》一书中，历史学家威廉·西威尔认为，"对文学手法的使用作为西哀士描写社会革命时的修辞特征，很快成为革命修辞词汇表中的标准化元素。公平地说，他的语言……对法国政治文化有持久而深远的影响。"正如托克维尔在1856年发表的讲话中所示，"我们（法国）的文人不仅把他们的革命思想传授给法兰西民族，也塑造了民族气质和人生观。在将人们的思想塑造成理想模式的漫长过程中，由于法国人没有受过政治领域的训练，文人们也就有了一个空白的领地，这让塑造工作变得简单得多。"但是从佛蒙特州到佐治亚州，对于北美英国殖民地和由这些殖民地构成的新国家——美国来说，因为人们在政治领域有着丰富的地方经验，所以《美国独立宣言》《葛底斯堡演说》《四大自由》演说以及《我有一个梦想》的演说的修辞在塑造人们的思想方面产生了永久、持续而强大的作用，或者让人们感到羞愧从而必须去实现如此光荣的理想。兰斯顿·休斯在1936年吟诵道："让美国再度成为美国，这块从来未曾实现过的土地，必须成为每个人享受自由的土地。"言辞能促成观念的改变，让人们崇尚勤奋的资产阶级、农民和无产阶级长久以来共同的特点。现在所有的平民都有机会尝试了，至少在美国的理想状态下是这样。

所以我才说，言辞是关键。现代性并不是像马克斯·韦伯在1905年提出的那样，源于深刻的社会心理学变化。韦伯的证据当然是来自人们的谈话，毕竟谈话是这种问题的自然证据。但他相信，通过谈话的证据自己深入了人们的心理世界。然而，人们开始崇拜经过了商业检验的改良，原因不是新教伦理或"占有性个人主义"的兴起、民族情感或"勤劳革命"的兴起,也不是新的实验态度或任何个体深层行为的其他变化,这些元素都不是微不足道的,而是新兴资产阶级文明繁荣发展的分支结果。它们是枝,而不是根。人们总是为了适应环境需要,变得骄傲、勤劳、贪婪或好奇。例如,从一开始,贪婪是一种罪恶,而精明的利己主义则是一种美德,例如希腊神话中精明的阿喀琉斯怒斥阿伽门农的贪婪。近代早期此类罪恶和美德的区分就化为乌有了。至于民族主义带来的骄傲,13 世纪的意大利城市(或者就这个例子而言,直到现在任何的意大利教区都是如此)表现出了一种当地的"民族主义"。意大利人沿用了当地的说法"campanilismo(地方主义,乡土观念)",这个词是从表示钟楼的单词"campanile"演变而来的,因为一个区域内的居民能从该教区钟楼的钟声中感受到日常节奏,这在一战前的确能让法国爱国者感到骄傲,因为"campanile"本身是法语词汇。至于科学革命,这场革命的回报很晚,非常晚。如果资产阶级的工程师和企业家在当时没有得到新的尊严,人们就会轻视科学革命在 18 世纪和 19 世纪初带来的微薄物质回报,之后很久才出现的巨大回报就更无法实现了。

然而韦伯认为,文化、社会和经济都需要获得生机勃勃的精神和认真的超验修辞,此类修辞对经济运转十分重要,韦伯说得没错(韦伯用"Geist"一词表示精神,与其英文一词"Spirit"相比少了很多宗教气息,因为"Spirit"让人联想到"幽灵")。但这种改良的"精神"并不深奥,可以说非常浅显,就存在于人们说话的方式中。

经济学家动辄假设"文化"延续了几个世纪,因为这样就不必再思考其经济影响了，而修辞不同，它会发生变化，有时变化得非常快。例如，20世纪八九十年代美国保守派攻击了新政和"伟大社会"的母性隐喻，用父性的惩戒隐喻取而代之。有时，即使在贵族和基督教的反资产阶级话语下冰封了数千年，修辞还是可以发生改变，就像1517年到1789年在美国的北海地区发生的话语转变一样，修辞作为促成经济大爆炸的原因，尽管没有体现出浪漫主义所追求的深刻性。但它将种族歧视、毫无希望、民族主义、宿命论以及唯物主义排除在外，更鼓舞人心。

想想英语文化圈20世纪的历史。看看在威廉·麦金利、泰迪·罗斯福，以及后来的伍德罗·威尔逊领导下，以前奉行孤立主义的美国如何快速转变为在世界上"手持大棒"[1]的国家，这令H. L. 门肯和后来的罗伯特·希格斯等自由派批评人士感到厌恶。看看1918年至1922年两场选举之间英国工人阶级的政治言论变化多么迅速，这一改变击垮了伟大的自由党。看看1919年以后通过霍尔姆斯和布兰德斯两位大法官发表的反对意见，言论自由的修辞在美国如何得以迅速改变[2]。看看英国的法律禁令如何改变了人们的对话，这些禁令针对的是标注"仅限欧洲人"的工作或住房广告，这样的广告在18世纪60年代很常见。（到1991年为止，德国仍然允许这样的言论：法兰克福的一家酒馆门上贴着告

---

1. 手持大棒："巨棒外交"源自老罗斯福"温言在口，大棒在手，故而致远（Speak softly and carry a big stick, you will go far.）"的名言。1823年以来，美国基于外交方针的门罗主义，积极介入西半球的事务。老罗斯福主张美国必须自行维持西半球的秩序，如果出现行为不轨的国家，美国有权进行军事干预。
2. 指惠特尼诉加利福尼亚州案。

第十三章 言辞是关键

示,"禁止狗和土耳其人入内。")看看美国的种族隔离制度在"自由乘车者运动"[1]和《投票权法案》的压力下发生了多么迅速地变化(顺便提一下,我父亲罗伯特·G.麦克洛斯基帮助起草过一份法案,这一法案经住了法律的挑战)。当然,在这些国家,种族主义言论和种族主义行为并没有一夜之间消失,但它们无法再诉诸法律和习俗寻求支持,而且这些行为本身也已经走投无路了。看看巴拉克·奥巴马,以及特朗普时代人民的反应。修辞掌控了一切。

再看看,已婚妇女就业成为常态的速度有多快。西蒙·波伏娃、贝蒂·弗莱顿和其他女权主义者起了很大作用。看看20世纪80年代在鲍勃·霍克和保罗·基廷领导下的澳大利亚,始于20世纪初的保护主义"联邦协议"是如何迅速废止的。[2]看看在新工党统治下,英国工党第四项条款[3]中的国有化内容是如何迅速失宠的。托尼·布莱尔和他的现实主义修辞很重要,尽管在杰里米·科尔宾在位时暂时回归国有化,终究无伤大雅,就像特朗普在任时暂时转向种族主义一样。当然,我们可以合理地断定这其中的某些变化是物质因素导致的。但修辞也很重要,而且修辞通常有迅速变化的特点。

正如我所指出的,历史学家大卫·兰德斯在1998年断言:

---

1. 自由乘车者运动:指美国民权活动家发起的运动,以检验美国南部是否仍被执行种族隔离制度。
2. 澳大利亚联邦协议:由四项相互关联的关税保护政策组成。
3. 英国工党第四项条款:是指党章内一项解释工党价值观和目标的条款。因为原文在近代带来社会争议,所以工党在1995年修订条款。

"如果我们从经济发展的历史中学到了什么,那就是文化决定一切(马克斯·韦伯在这一点上是对的)。"如果这里的"文化"就像兰德斯所暗示的那样,指的是历史上的深层民族特征,那么他就弄错了。相反,我们从经济发展史中了解到,处于文化表层的修辞至关重要,每一代人都会重塑时代的修辞方式。这个结论应该让我们高兴,我说过,因为"我们是下等人"这一错误仅存在于古老的种族、阶级、民族或星球,所幸我们的当代修辞中并没有这样的认识。正如2007年经济学家威廉·鲍莫尔、罗伯特·利坦和卡尔·施拉姆所说,"有太多国家在相对较短的时间内扭转了经济发展状况,他们只用了一代人甚至更短的时间(韩国、新加坡、泰国、爱尔兰、西班牙)……这些成功不能简单地用'文化就是一切'的观点解释。"这一观点同样不能解释短时间内改变了政治状况,但其深层文化几乎没有改变。"二战"后战败的德国,虽然摆脱了弗朗哥统治的西班牙,以及脱离了苏联的乌克兰。文化似乎并没那么重要,除非目前人们心中真正的"文化"是有说服力的修辞。如果是这样,"文化"就决定一切。

这里要讨论的主题是,我们的所作所为很大程度上取决于我们如何与他人及自身交谈,这与浪漫主义性格理论中"本质"的概念相矛盾,也不同于浪漫主义的另一面——源自功利主义决策理论中的"已知偏好",这并不会体现在修辞之中。也就是说,这是一个公共伦理的问题,比如20世纪崇尚新闻自由,19世纪接受资产阶级协定,18世纪让普通人拥有机会的平等主义精神。正如法国政治理论家伯纳德·曼宁所说:"自由的个体并不是完全明白自己想要什么的人,而是偏好还未养成,试图通过深思熟

第十三章 言辞是关键

虑和与他人的对话确定自己想要什么的人。"曼宁指出，在1755年将《论人类不平等的起源与基础》一书的初稿寄给伏尔泰之前，卢梭将浪漫主义和功利主义的对立杂糅到民主修辞中，使这本书成为令人讨厌却有影响力的混合物，这种混合明确地否定了深思熟虑和修辞的作用。直接投票就行了，不需要体察公众的投票意愿[1]。

德国宗教改革、荷兰起义以及英美法三国的革命都在平民中孕育了一种新的"大胆妄为"，这曾经是欧洲西北部独有的特征。北欧的四个R是（新教）改革（Reformation）、（荷兰）起义（Revolt）和（英国、美国和法国）革命（Revolution），以及（古腾堡的）阅读（Readin）[2]。最后一项阅读作为前面三项的支撑。结果在18世纪出现了第五个R，资产阶级重估（Revaluation）。资产阶级重估一开始就被新出现的自由主义意识形态限制，不能再行使古老的垄断权，接着就被迫服从以逐利为目的的商业检验的安排，开始创造普遍的改良（文艺复兴通常被误认为是个性的诞生，事实上它不是起初的五个R之一。文艺复兴是反资产阶级的、反平民的，本质上是对贵族辉煌生活的庆祝，例如乌尔比诺的费德里科·达·蒙特费尔特罗公爵或佛罗伦萨的洛伦佐·德·美第奇。难怪以前崇尚资本主义的意大利北部人民会深爱上贵族和军装，以及关于致命终极决斗的滑稽表演）。赋予平民自由和尊严这一做法也促进了大航海时期、科学革命和苏格兰

---

1. 参见卢梭《社会契约论》中"论投票"一章，卢梭阐述了投票与公众意愿的关系。
2. 古腾堡阅读计划：由志愿者参与，致力于将文化作品数字化和归档，并鼓励创作和发行电子书。

启蒙运动的到来,当然也包括我们在这里最关注的——经济大爆炸的到来。做到这些的并非是文艺复兴。

　　旧资产阶级和贵族声称要逃避自由贸易的耻辱。16世纪的荷兰和英国商人用他们污渍斑斑的双手发展出实验性和观察性生活的概念(我之前提到过)。国王、公爵和主教将不复荣耀。法院和政治的贬值也慢慢地随之而来。几个世纪后,印度和其他地方接受了资产阶级协定、经过商业检验的改良以及日渐富裕的现代社会的供给特征。愿我们能长久地为世界上的不幸者赢得福祉。

03

第三部分　怀疑

第十四章

分析哲学家对这款
撒手锏级应用的怀疑不具说服力

我们为什么如此富有？这个问题在现代经济和历史学科中都是具有诱导性的。有许多不同领域的专家对我回答这个问题的答案进行了评论。评论者中有两位哲学家、一位社会学家、一位政治理论家和一位经济历史学家，他们都不约而同地选择了《资产阶级平等》这本书进行评论。这本书是《资产阶级时代》三部曲中的第三卷，阐述了人文经济学这一"撒手锏级别应用"对于人文经济学及其在解释现代经济增长中的作用。他们的评论将是严峻的挑战。

哲学家杰拉尔德·高斯过分的赞美让我受宠若惊，我并没有打算写一部"伟大的作品"，也不敢承认它是近似伟大的作品（我脸红了）。我只是打算在《资产阶级时代》三部曲中，尤其是在高斯关注的第三卷《资产阶级平等》中拯救资产阶级，回顾创造现代世界的过程，发掘科学真相，探寻资产阶级在其中起到的作用，尤其是人们对资产阶级的态度所起到的作用。大约在2000年，我意识到完成这项工作需要写一卷书。到2016年年底，我通篇一共写了大约 1 700 页（也就是说，在每本书完成之前，我几乎没有将其中的任何内容作为文章发表过）。

第三卷的篇幅比另两卷大部头更长，宗教哲学家阿尔文·普兰丁格为自己在《知识论三部曲》第三卷的停笔找了合理的理由："三部曲可能是过度地自我放纵，但四部曲（更不用说我曾经考虑过的六部曲）是不可原谅的。"我将这个论述作为我写完第三卷就停笔的理由。普兰丁格所说的"Unforgivable（不可原谅的）"也可以用"Abomination（令人的深恶痛绝的）"这个词来替代，这是由希伯来语翻译过来的神学术语，原意是"适合施以石刑的罪"。

要完成大约 1 700 页对历史、经济、伦理和其他内容的论证和推理，想像写银行汇票一样预先规划好写作的结果是不可能的。（对于这种有条不紊的写作习惯，在这里要引用康德年轻时的抗议，但后来他从他亲爱的朋友格林先生[1]那里学到了这一习惯）。这种写作体验和"中央规划"的感觉不同，更像是在逐步发掘经过了商业检验后的改良结果。经过 20 年的思考和阅读（包括我将写作成果陆续出版的 12 年），我希望自己已经有了一些发现。方法论方面的主要发现是：经济学和历史学研究都需要人文经济学，这也是我试图在本书中说服你接受的论点。主要的实质性的发现我已在前面的四章中概述过了：现代世界产生的必要且充分原因——自由主义意识形态（用老话说就像是"帐篷的中心杆"，或用没那么

---

1. 约瑟夫·格林：是康德的至交。经常与康德讨论其作品的创作，包括《纯粹理性批判》。格林本人崇尚休谟及卢梭的理论。

第十四章 分析哲学家对这款撒手锏级应用的怀疑不具说服力

老的话说,就像是"机械表中的发条")相比于任何其他阐释更加有力。以资产阶级行为改良为目的的韦伯式心理变化、萨缪尔森式的激励引起的诺斯式的制度变化,或者马克思提出的历史唯物主义必然性等因素都并非现代世界产生的真正原因。在西北欧首先接受了资产阶级及其成果后,正是自由主义这根"发条"带动了该地区特有的社会和政治变化。意识形态的变化让普通人变得大胆,引发了与自由主义并行的"创新主义"(被人们可悲地称为"资本主义")。创新主义允许并鼓励普通人去尝试,用亚当·斯密的话来说,它是"关于平等、自由和正义的灵活计划。"创新主义允许人们有创造力,因此变得富有,如果他们愿意,也能变得有教养。因此,这就是《资产阶级平等》想表达的主题。

然而,杰拉尔德·高斯专心听取了某位名为约翰·W. 查普曼的学者的各种理论,表示我的论述并非"完全正确"。这位学者的大意是我对博弈理论和制度不够了解,因此没有提出我自己的最佳观点。他声称自己的观点同"我的"相反(他自认为我提出的观点和1905年韦伯在《新教伦理与资本主义精神》中提出的心理学观点一致),"我们有充分的理由质疑'性格特征'和'态度'这两个因素的解释能力。"

与之相反,我所说的并非韦伯研究的资产阶级性格特征,而是在他们周围,人们意识形态的改变。或者说,如果我们想用老一点的词,不是马克思造的词,那就是社会修辞发生了变化。如果我们想要用一个不那么有争议性的旧词,那就是社会伦理发生了改变。

高斯的误解令人惊讶,作为读者他通常不会犯这种错误。他

糟糕的经济学

一定是带着某种强烈的先验观念开始阅读的,这让他很难辨别现在自己所犯的错误。这种先验观念是什么呢?他似乎认为我的主要对手是已故的道格拉斯·诺斯和他的新制度主义追随者。我承认在本书中有一小部分反对诺斯的内容,在这套书的另一本《超越行为主义》中相关内容有很多,在高斯评论的《资产阶级尊严》一书中部分章节也有所展现,除此之外我也写过一些文章,在其中批判了诺斯的观点。但高斯认为我对诺斯的反对是自欺欺人的,可能只是出于我的嫉妒和暴脾气,并没有提出实质性的科学差异来反驳诺斯的观点。他认为我反对诺斯是在愚弄自己。他希望我通过哲学家克里斯蒂娜·比基耶里的"社会道德的规则治理"这一博弈论逻辑来重新认识诺斯理论中"博弈的制度性规则"这一重点内容。他正在不情不愿地朝着诺斯走去,不管怎么说,他都在向经济主义的观点靠拢,明显忽视了思想的自主性。也就是说,高斯对人文经济学有所怀疑,而且没有意识到这就是我正"兜售"的东西。人文经济学正是本书的主题。后来我意识到,《资产阶级尊严》中经济大爆炸的科学史所展现的就是真正的人文经济学。

经济主义当然也有一些优点,作为经济学家,我不希望我的工会卡(卡号是"哈佛02136"以及"芝加哥60637")被收回。但是经济主义中的博弈论似乎与我在《资产阶级时代》三部曲及在本书中争论的观点相反。在伦理学、历史学、社会学和文学领域内进行运作,试图摆脱萨缪尔森经济学的核心——"精明至上"的特征,这是理解《资产阶级时代》三部曲(以及对经济学影响更加广泛的本书)的另一种方式。尽管诺斯对萨缪尔森的观点提出了异议,但他和他的追随者仍然拥护非常传统的、"精明至上"

第十四章　分析哲学家对这款撒手铜级应用的怀疑不具说服力

的、唯物主义的效用最大化理论,以及关于人和社会的"新古典主义"非合作博弈论。我希望他们不要这样做。我希望他们能成熟起来,注意到人们会思考、会爱、会争论。这就是语言的力量,我在之前也论证过,语言不仅能表达出人们的反应,更能表达出人类的自发行为。正如亚当·斯密所说,"每个人一生都在对别人练习演讲。"

高斯宣称"现代伦理学规定了我们必须做的事情,即使我们不感兴趣也必须要做。"这让人想起了康德和他的义务论。我确实希望哲学家们能够摆脱他们对柯宁斯堡圣人康德的依恋。他不承认修辞、演说、意识形态以及人类学。我们是社会科学家,他暗示道,不能搞这些东西。高斯希望伦理学能有严格的规则,并且希望能有不包含话语研究的博弈理论来支撑这些规则。因此,问题再次回到诺斯和阿夫纳·格雷夫[1]。"一个好人的出现是否归功于资产阶级美德?(请再次注意,他认为我研究的是资产阶级的个体心理行为,而不是针对人们尊重资产阶级这一事实进行的社会学和政治学研究。)我不知道。她必须按规定的方式行事吗?当然。"这确实是康德的做派,试图建立道德标准,每个理性行为者都必须按照这一标准行事,而不管现实中不讲规矩的法国人实际上做了什么。都必须这样做。

《纽约客》曾经刊登过一幅老漫画,其中一个稚气未脱的小孩坐在婴儿椅上抱怨他不喜欢的晚餐。我们引用小孩的原话:

---

[1] 阿夫纳·格雷夫:斯坦福大学经济学教授、斯坦福国际研究中心高级研究员。致力于研究市场共同发展的比较历史制度分析。

"我说这是菠菜,我说让它见鬼去吧。"

康德曾提出人类在狩猎采集文化中秉承平等主义,虽然我非常钦佩他对哲学史的这一见解,并在《资产阶级平等》中运用了这一理论,但显然高斯在历史方面的见解并不高明。没关系,一个人不可能样样都精通。举个例子,我很高兴了解到了他与肖恩·尼科尔斯合作的实验,该实验结果表明"如果社会道德强调对人们的(仅仅是最低限度的)禁令,而非(预先安排的、层层批准的)许可,那么社会道德就对创新和探索性行动有鼓励作用。"这是一个有趣的结论,与我的论点相符,即自由主义是塑造现代世界的最重要元素。

正如我在《资产阶级平等》中所说,对人类行为的类似观察是休谟、斯密、康德的典型特征,也是启蒙时代部分理念的特征。因此,与科尔伯特的重商主义形成鲜明对比的是自由主义意识形态。

不过,我确实希望高斯能够意识到,我们需要解决的既是一个经济问题,也是一个历史问题——为什么经济大爆炸会在两三个世纪前于西北欧的一小片地区开始,然后传播到全世界?为什么是发生在这一特定的时间地点?纯粹的经济论据存在这样一个问题:中国有煤炭,印度有大量的对外贸易,西班牙有伟大的海外帝国,奥斯曼帝国有法制制度,法国有启蒙运动,但发起经济大爆炸的却并非这些国家。我之前对这个问题进行了详细说明,尤其是在《资产阶级时代》三部曲中的第二卷《资产阶级尊严》中。

博弈论中有些万古常新的论点,例如比基耶里、诺斯或阿齐默鲁的理论,我上面提到的问题也正是这些论点的矛盾所在。从

第十四章　分析哲学家对这款撒手锏级应用的怀疑不具说服力

某种意义上说，他们解释得太多，因为他们的机制放之四海皆准，无须太多解释。在另一种意义上，他们解释得又太少，因为他们没有注意到地处西北欧的荷兰和英国独有的观念性特征——即新生的自由主义。高斯指出，"在过去15年里有大量证据表明，他者对规范的期待对人类行为的影响很大。"我想说，我们根本不需要过去15年的证据来证明这一古老而明显的人性特征（安提戈涅？希伯来先知？摩诃婆罗多？这些都能证明），但我完全同意这一结论。并且这和高斯认为我提出的"更好的资产阶级"，是完全不同的概念。"重要的是，（用比基耶里的话来说——'潮流引领者'）能够塑造社会规则，催生人们对规范的期待，进而支持平等的尊严、自由、市场和创新，并且这些规范期待能作为合法产物被广泛接受。"当然如此。

好吧，但为什么经济大爆炸发生在这一特定的时间和地点？这在历史或科学领域都是难题。比基耶里式的逻辑适用于罗马共和国或近代早期的日本，但这两个国家并未催生出现代世界。我的书试图解释发生在这一特定时间及地点的原因，为什么首先是在荷兰，然后是在英国，我发现这是一件侥幸发生的事情，但绝对是意识形态问题，是观念问题。这些观念的背后当然有各种原因，其中一些是物质的（包括欧洲对新大陆的"发现"、欧洲人朝向大海的远航、欧洲的政治分裂），但许多是观念性的（包括激进改革对教会等级制度的攻击，乔尔·莫基尔提出的科学家群体、普遍人权、女性权利）。高斯宣称："社群中全体会员制这一理想概念符合自由平等的要求：基础社会生活的规则平等地适用于每个人，这一规则就是——做社群的成员，仅此而已。"然而这正是我在写《资产阶级时代》三部曲时越来越着重强调的自由主义思想，我对此的强调在 2019 年由耶鲁大学出版社出版的政治学著作《为什么自由主义行得通》中达到巅峰。

"当我们面对完全陌生的人时，"高斯写道，他又诺斯"附身"了，"博弈的道德规则会继续存在。在大多数情况下，我们对这些陌生人知之甚少（尤其是他们对美德的看法，以及他们在多大程度上实现了自己所认为的美德），但我们需要依赖他们。怎么会这样？"

很久以前这种情况就存在。并非"诚信"的品质在人类的内在心中得到了"发展"。相反，在欧洲西北部，公众开始崇尚商业诚信，这个问题与高斯的问题完全不同，这是意识形态、修辞或伦理的问题，在历史和社会学的层面上产生，而非经济学和心理学的层面。要证明这个结论我们的证据非常充分，就比如"Honest（诚实、诚信）"一词的含义从贵族式的"正直"到资产阶级式的"诚信"的转变。

除了他写的这些文字之外，我必须说我发现自己有些反感高斯的看法，他眼中的人类是损人利己的、墨守成规的："我们是受社会规范影响如此深刻的生物，从某种意义上说，我们会努力适应他人对规范的期待。因此，即便许多人对规则所表达的道德态度和美德不感兴趣，我们也可以建立一个稳定的基于规则的合作体系。"我请他重读修昔底德指写的关于雅典外交官和米洛斯人之间的对话，并针对他说的话进行忏悔[1]。高斯写道，"对许多人

---

1. 指修昔底德的著作《米洛斯对话》。

第十四章　分析哲学家对这款撒手锏级应用的怀疑不具说服力

来说，一个重要的解释变量[1]就是他们对别人规范期待的反应，这些人和他们共享社交生活。"我同意，而且我也反复强调了，我同意的并非是博弈论，这门学科已经彻底被曲解为社会学科了（我的熟人金迪斯和鲍尔斯确实在试着曲解这一学科的概念，高斯对他们表示了赞赏。因此我要推荐一个更明智的版本：菲尔德在 2003 年的作品）。"我相信，"高斯写道，"一般来说，日常道德行为[2]需要诸如节制或勇气之类的美德，甚至'平庸'的美德，但这是错误的想法，除非一个人必须对他人的合理期待有所反应。"包括杰拉尔德·高斯在内，我知道的很多拥有大智慧的人都表现出了这种奇怪的"美德"。这种美德以他人为导向，遵循纳什均衡[3]，仅局限在某一时代内，并无跨时代的发展（此处对比孔子和亚当·斯密跨时代的思想呼应）对真理的勇敢追求是高斯作品的表征，但是在他自己的理论中这一特征就会被庸俗化为老一套的追名逐利。"我们永远不应该低估从众行为对任何文化的重要影响。"高斯显然相信以上观点，至少在他进行理论思考的时候是相信的。"我认为，从本质上来说，大多数人似乎都由自己对他人的期待，以及自己心中他人合理的规范期待所驱动。"

---

1. 解释变量：按照一定的规律对模型中作为因变量的经济变量产生影响，并对因变量的变化原因作出解释或说明。
2. 道德行为：指在一定的道德意识支配下表现出来的有利或有害于他人和社会的行为，泛指具有道德评价意义的各种举动和行为。
3. 纳什均衡：又称为非合作博弈均衡，是博弈论的一个重要术语，以约翰·纳什命名。在一个博弈过程中，无论对方的策略选择如何，当事人一方都会选择某个确定的策略，则该策略被称作支配性策略。如果两个博弈的当事人的策略组合分别构成各自的支配性策略，那么这个组合就被定义为纳什均衡。

糟糕的经济学

我不得不说，这是胡说八道，或者是"菠菜"（见鬼去吧）。

另外，我承认作为经济学家我喜欢高斯、诺斯、比基耶里、阿齐默鲁以及金迪斯的博弈。我的确喜欢菠菜。

哲学家詹妮弗·贝克明白这一点。我接触过哲学，最明显的证据是我在1994年出版的《经济学中的知识与说服》。但我很清楚，相比于当代的天才哲学家（我阅读了他们的作品，接触了哲学家本人，所以对他们略有了解），我就是一个业余爱好者。比尔·哈特、约翰·尼尔森、史蒂夫·富勒、埃里克·施里瑟、洛伦佐·雷斯庞基、乌斯卡利·梅基、杰克·弗洛门、理查德·罗蒂、玛莎·娜斯鲍姆、大卫·施密兹、萨姆·弗莱萨克、阿尔弗雷德·索塞多和阿塔纳西奥·埃尔南德斯都是天才哲学家。无论是研究分析哲学还是欧陆哲学，伦理学还是认识论，哲学家们经常令我感到惊讶的是他们做出区分的能力，通常是重要的区分。"Analysis（分析）"一词在希腊语中是"分割"的意思。例如，贝克在分析中巧妙地将我的论点分割成了九个"（资产阶级）协定（这一假说）避而不谈的不可信假定"。

贝克在此提出了一个问题，"当你没有一些东西的时候，如何看待有这些东西的人"，对此，她说（说得非常正确）"这是麦克洛斯基的研究方法中缺少的部分。非资产阶级的价值观相当于一种自成一体的哲学观点。"我同意，并且这些观点不断涌现（就像在唐纳德·特朗普对外贸的看法中表现出的那样），我写《资产阶级时代》三部曲的原因之一就是对这些非资产阶级的价值观进行驳斥。

第十四章　分析哲学家对这款撒手铜级应用的怀疑不具说服力

"我不知道麦克洛斯基会如何为这些受众写作",这里的受众是指没有资产的人。我承认,我主要是为知识分子写作,对他们说,放下你对资产阶级的仇恨;对资产阶级本身说,停止道歉,但请开始认真对待自己的道德承诺。我也可以为穷人写作,而且,正如她建议的那样,我应该为穷人写作。毕竟,我进入经济学领域并留在其中工作正是为了帮助穷人,纪念我们所有贫困的祖先——包括我的祖先。贝克认为"这个世界上商品的不平等分配是合理的,只是人们不理解背后的原因,这是一个非常特殊的观点,对于经过了商业检验的改良来说是个很好的支撑观点。"是的,这是一种经济学的现代观点,甚至是熊彼特理论中的观点,你甚至可以在约翰·罗尔斯的作品中找到它[1]。它对真正的穷人没有多大吸引力,只能吸引自认为是穷人捍卫者的左派或自由主义者们。

但这就是为什么我们需要一种意识形态来支持哈耶克所说的伟大社会[2],从而让穷人参与到经济大爆炸这个计划中来。示范效应确实对"可信的资产阶级意识形态"有巩固作用。比如最近委内瑞拉经济的彻底崩溃和由大多数美国人实现了的美国梦。但圣徒保罗曾说道:"信,是对所盼望的事有把握,对看不见的事有确据"。坚守信念,这很难。在每一次重大金融危机之后(最糟糕的是1929年之后,2008年之后也相当糟糕,还有2020年新冠肺炎疫情造成的灾难之后),脆弱的信念侵蚀了资产阶级协

---

1. 约瑟夫·阿洛伊斯·熊彼特:奥地利一位有深远影响的政治经济学家。约翰·罗尔斯是一位信奉自由主义的美国政治哲学家、伦理学家。
2. 伟大社会:是英国古典经济学家亚当·斯密所提出的一个概念,在哈耶克的晚期著作中大致指现代社会。

定——贝克称之为"非常特殊的观点"。工人阶级开始在投票中支持民粹主义者,这是对资产阶级协定的挑战。其实资产阶级协定自 1848 年以来就一直在受到挑战,左派知识分子"好心"告诉工人阶级如何看待市场、银行家、异化、不平等和知识分子缺乏就业机会等可怕的问题,目的是纠正"非常不完美的"经济,而这样"不完美的"经济与此同时给工人阶级带来了人均实际收入 3 000% 的增长。

贝克认为,对于资产阶级协定这一"特别观点"在现实中的体现,穷人们存在理解上的问题。"我们可以用当今委内瑞拉的恐怖状况来说服低收入工人,让他们相信我们达成的(资产阶级)协定是公平的,但这样做仍然解决不了工人担忧的问题——在转型过程中,低收入工人承受损失的能力很弱。"我明白她的意思。俾斯麦伯爵也懂这个意思,在说服国会通过了一项养老金计划后,他在 1889 年的一次演讲中宣称"当我们有 70 万小额养老金领取者(当时德意志帝国 60 岁以上男性人口的总量约 70 万)从国家领取养老金时,我想这个政策将会是一个巨大的优势,如果领取者属于在动荡环境中承担损失能力很弱的阶级,那么这个政策就更加有效了。"穷人经常认为革命会让他们过得更好。亚奇[1],搞什么鬼。通常情况下,革命只是通过均衡苦难,让穷人相对来说"更富裕"。把银行家吊在灯柱上,侵入富人的房子,人们最终会变得和古巴百姓一样贫穷,自 1959 年以来,古巴的实际人均收入没有任何增长。

---

1. 亚奇:特指头脑顽固且自以为是的工人。

第十四章　分析哲学家对这款撒手铜级应用的怀疑不具说服力

我的主张是（我相信贝克最后的结论也是如此）在此类问题上，哲学应该像迪克·罗蒂曾经说的那样，启发、说服人们去过美好的生活，而不是接受自己的嫉妒之罪，将其视为效用最大化理论中可接受的个人偏好。贝克曾说过："迄今为止，我还没有看到麦克洛斯基正面回应非精英的、非资产阶级的价值观，好像这种价值观的规范性内容和最初的（资产阶级）协议条款不一致。"对，但我们的任务是教化，即改变穷人（以及知识分子、资产阶级）的思想。我想让穷人在精神上变成资产阶级，崇商资产阶级。当然也有一些不好的例子，比如农民崇拜伟大的国王，美国托莱多的贫困工人被新法西斯主义迷住，崇拜富有的唐纳德。这都不是自由主义的意识形态。但这肯定也是一种意识形态，它可以直接和穷人对话。

然而，美国工人通常不嫉妒，这将美国穷人与欧洲、亚洲或非洲的穷人区分开来。人们经常注意到，美国人，即使是贫穷的美国人也体现出不同寻常的资产阶级特征。"非精英、非知识分子、低收入的工人对他们在资产阶级协定达成后得到的东西满意吗？"不，他们当然不满意。没有人会满意。我应该得到更多，你也是，其他人我不太确定。但教化的任务是说服他们接受一种可以让世界变得更富有的意识形态，而不是像进步主义或"特朗普主义"那样用嫉妒或愤怒来煽动他们。

"这是我最大胆的主张，"贝克写道，"进行第四次修正，旨在与低收入工人达成可行的交易：冷静地与他们接触，目的不是为了个人价值观或生活方式，而是为了我们的共同福祉和我们亏欠他们的东西。"是的，这就是我所说的教化。"当然，作为伦理学家，我明白道德解释在这个过程中会有所帮助。"是的。我在《资产阶级美德：商业时代的伦理》中表达得很充分了，我用道德辩护的办法证明上帝对人类的方式是正当的，或者更确切地说，证明伟大社会对待其人民的方式是正确的。

"我想知道，"贝克继续说道，"麦克洛斯基能否让工人阶级相信这一理论（商业改良的伟大社会），同时让他们在乎这一理论的发展？"我真诚地希望如此。接受贝克的批评，我保证将来会考虑更多地接触工人阶级。实际上，我认为左派知识分子并没有怎么接触过工人。只有在强硬左派自上而下的命令中，或者在温和的左派齐唱《欢聚一堂》的时候，知识分子想象中的团结才能实现。想想列宁主义和党的领导作用，其中的工作人员当然来自知识分子。

不过，我已经有了一个接触工人阶级的简单想法。这是我很久以前从爱荷华大学的一位政治理论家约翰·尼尔森那里学到的，即制作电影和摇滚乐的流行艺术家是合成意识形态的人。哲学、经济学、社会学和政治学的教授也都很优秀，但是，正如乡村音乐中唱的那样，"在轮胎接触地面的地方"，通俗艺术才能产生。

贝克问道，"怎样才能让麦克洛斯基同意'知识分子'的观点，即当今社会已经严重侵害了低收入工人的尊严？"想要在这个问题上说服我，也许你们需要编造一段没发生过的历史，或者霍华德·津恩[1]和查尔斯·塞勒斯写的"恐怖童话故事"（这是左

---

1. 霍华德·津恩：美国左翼历史学家，政治学者，剧作家。查尔斯·格里尔·塞勒斯，美国历史学家，以其著作《市场革命：杰克逊主义者的美国，1815-1846年》而闻名，该书批判了美国历史学家仅注重资本主义的做法，认为他们忽视了对民主的分析。

第十四章 分析哲学家对这款撒手铜级应用的怀疑不具说服力

派的作品，与右派特朗普散布恐怖消息的行为暗中相似），因为低收入工人在过去的历史中曾被彻底蔑视，所以这并非现代社会的问题。看看黑人，还有我们几乎所有的祖先，当时没人瞧得起他们。

同样，贝克在一个脚注中问道，"农民对于市场的（当下）'观念'是否现实？"如果我们像拿撒勒人耶稣一样，面对的是一个零和社会，这种市场观念就是现实的，但也不是十分的现实，因为即使没有大的经济增长，人们也能从贸易中获得一定收益，木匠耶稣肯定知道这一点。但是要得到经济大爆炸这种增长系数在30到100的巨大"正和"结果，我们必须要有一种意识形态来支持经过了商业检验的改良。意识形态不一定在每个细节上都是正确的，但它必须是一种意识形态。正如我曾经说过的：

> 马克思主义者称接受这种改良为"虚假意识"，认为这是一个骗局。不管是出于好意还是歹意，意识形态确实是骗局。在精神病学中，虚假意识也就是所谓的"缺乏洞察力"。如同你作为病人不同意精神病医生的意识形态，你会被诊断出"缺乏洞察力"的症状。但是，除非民主国家的群众接受改良，否则他们可能会由民粹主义者、布尔什维克或法西斯主义者领导起来"杀鸡取卵"。那是另一个骗局，后果更糟。杀死下金蛋的鸡对穷人没有一点好处。

第十五章
社会学家或政治哲学家的怀疑也不合理

我不能说伟大的社会学家杰克·戈德斯通误解了这本书。他清晰优雅的总结体现出了学术方面的节制,这值得夸奖。戈德斯通这样总结我的论点:

当现状如此有利于精英们的利益时,有什么能让他们放弃阻碍变革的计划?只有坚持鼓励普通人独立行事,尊重独创性和创新性,允许他们在自由公平的市场上从事任何商业活动,并且保留因此获得的(大部分)利润。

准确无误。

然而,戈德斯通和高斯一样,怀疑我的观点是否是完全正确的。戈德斯通提出"为什么英国这场修辞转变始终重视资产阶级,没有像在其他案例中那样继续演变,随后创造出特权商人的寡头政治,仍然嘲弄普通公民?"这是一个重要的问题,我在书中很多地方都只提供了初步答案。我指的是之前提到过的那些例子，比如光荣革命，这场革命发生在 1625 年到 1688 年斯图亚特王朝和议会的斗争之后，当时的荷兰共和国就是英国身边的资产阶级榜样。如果查理一世，尤其是詹姆斯二世，不那么像查理的父亲、詹姆斯的祖父——被人称为"基督教世界最聪明的傻瓜"[1]的詹姆斯六世及一世，那么结果可能会不同。

另一个问题更为根本。戈德斯通问道："创新的最佳方式是进行成千上万次实验来创造新产品或新工艺，鉴于历史上没有这种成功的例子，这种信念又该如何广泛地深入人心呢，就像威治伍德创造碧玉细瓷一样（正如麦克洛斯基在《资产阶级平等》第 522 页指出的）？"因此，他认为"不仅是尊重激发了他们非凡的创造性，一定还发生了其他事情"，特别是戈德斯通、乔尔·莫基尔和玛格丽特·雅各布强调的新工程文化，它对科学革命和工业启蒙运动时期的欧洲来说是有特殊意义的。这一点很有说服力，但这种说法值得怀疑，因为其他文化中许多人未必没有表现出对实验痴迷的特征（玛雅人？拜占庭人？），只是我们现在碰巧对他们的科学文化知之甚少。并且，对一项活动的广泛向往也许就能点燃年轻人的壮志雄心，无论是挥舞宝剑、庆祝弥撒还是进行实验都是如此。

戈德斯通对我的论点提出的第一个疑问是，精英通常会阻碍进步，但在英国并没有。但《资产阶级平等》宣扬的资产阶级重估事实上确实扭转了保护主义的意识形态，代之以自由主义

---

1. 英国国王詹姆斯六世及一世以"君权神授"为幌子，极力鼓吹王权的至高无上，因此被法国国王讥讽为"基督教世界中最聪明的大傻瓜"。

第十五章　社会学家或政治哲学家的怀疑也不合理

及"创新主义"的意识形态,我更希望人们使用"创新主义"这个词,而不是愚蠢又有误导性的"资本主义"。我们需要调查资产阶级重估发生的方式及原因,这就是《资产阶级平等》这本书的作用。为了更正"英国精英没有阻碍进步"这个观点,我在《资产阶级平等》中指出了,工程文化必须由大量的创新者进行支撑,其中一小部分人会上升到纽科门、斯米顿和卡特赖特的卓越地位。大规模创新需要自由主义作为首要条件,允许普通人尝试。如果没有自由主义,那就行不通。或者更确切地说,如果没有自由主义,充满活力的英语圈也就不复存在。那就只剩下停滞不前的意大利、法国,甚至是(到了18世纪)荷兰,所有这些国家都曾有过充满活力的科学和工程文化。

戈德斯通问道:"经济大爆炸为什么不是由一系列与思想、制度和资本相关的变革引起的呢?即在没有单个主要原因的情况下,这一系列因素创造出了一个良性的交叉孵化循环系统?"我经常被问到为什么会关注"一个主要的原因",对此我的回答是,在科学中我们就是在寻找这样的单一原因。如果一个、两个或三个原因就能起到决定性作用,我们肯定就只说这几个原因,不会再提次要因素。库仑定律表明,两个带正电但质量不大的球体相互靠近时,它们之间的排斥力比重力强得多。因此,在计算球体相互远离的加速度时,可以忽略非常小的重力影响。我在2010年出版的《资产阶级尊严》中表明,对经济大爆炸的其他解释,如唯物主义解释中的制度和资本,在定量分析中一点也用不了。在这些解释中有些有赖于自由主义,有些实际上并不重要,有些根本没有经济吸引力,还有一些在亚欧大陆的其他地区也有发生，同样有适当的"水平条件"（南茜·卡特赖特和杰里米·哈迪出色应用了卡特赖特因果关系哲学，并得出了"水平条件"这一结论）。因此，我们就只剩下一个原因了——英国自由主义，这是西北欧独有的特征，尤其是对我们英语圈的人来说，这是意料之外的幸运。

针对我同诺斯和阿齐默鲁等新制度主义者的争论，以及新制度主义者与他和莫基尔观点不符的地方，戈德斯通发起了论战。他在评论的初稿中写道，"法律或习俗将正当行为编撰成行为标准，制度只是关于这些正当行为的思想，

如果正当行为标准这一概念产生了重大改变，那么制度也应该随之改变。"这句话（最终版本没有这句话，这展示出戈德斯通可靠的科学品味）很好地说明了我对新制度主义的一点反对意见；即新制度主义的论证依赖于套套逻辑[1]。戈德斯通坚称，我们应把制度定义为人类头脑中产生的任何思想。然后，由于所有思想变化都必须编入所谓的"制度"规范，我们就可以放弃考虑思想的变化，将制度变化视为思想变化的起因和结果。关于自由主义和制度变化因果关系的论证就到此为止吧。证明完毕。

这种套套逻辑使得新制度主义学界随意论证了大量因果关系。例如，在戈德斯通的案例中，他吹嘘"美国殖民地的建立，以及西班牙对抗法国取得的重大胜利（实际上直到1815年6月18日西班牙才取得最后的胜利），这些胜利改变了欧洲的力量平衡，并

---

1. 套套逻辑：又名"同义反复"，本是文学上的一种修辞手法，即一句话的前半句和后半句，内容不同，但语义完全相同。在逻辑学上，套套逻辑指某一逻辑的"推论"是其所涉及的概念定义本身。这样的推论不可证伪，没有任何解释力。

第十五章 社会学家或政治哲学家的怀疑也不合理

将英国确立为一个主要大国",并将以上言论作为"很难证明英国在'经济大爆炸'之前没有发生重大或快速的制度变化"的证据。"好吧。需要解释的是,为什么"权力和富足"两个因素放在一起是一个范畴错误。罗纳德·芬德利和凯文·H·奥鲁克在一本考虑不周的书中论述了这两个因素的关系,《外交事务》杂志上每月都会有相关的文章让权力政治理论家们兴奋不已。强大并不会让你富裕,除非针对他人的暴力行为能让人致富。自 1800 年开始,在经济大爆炸带来的巨大正和社会中没有多少国家是因为强大而变富裕的,事实上,即使在旧的零和世界中也没有几个国家以此致富。征服并不是好的商业计划。可以问问 17 世纪的西班牙人或者现在的俄罗斯人,他们可一点都不富裕。

能证明套套逻辑魔力的另一个例子是,许多经济史学家断言,英国国债制度为本国资本市场的出现创造了条件。在英荷战争中,英国由于资金不足被迫采取新的借债方式,这就是英国国债的先河。国债制度支撑着威廉二世、安妮女王,然后是汉诺威王朝,对西班牙和法国发动了几乎不间断的战争,直到滑铁卢战役的胜利,英国才停止发动战争。发行债券向毫无意义的战争提供资金,从来没人解释过,为什么这种浪费资源的行为没有排挤民间投资?在 18 世纪末,发行国债是为了修建运河,这没问题。但新制度主义的论证过程是,首先,将战争或国债看作"制度",然后应用套套逻辑的"原理",得意扬扬地得出结论——制度"很重要"。这样做不必陷入恼人的经济逻辑考虑或统计计量之中,更不用思考思想对历史的影响,多么省事。

但是戈德斯通比这好一些。我一直钦佩他对历史事例的精准运用，就比如在这篇评论中他对科学革命的重复运用。他和乔尔·莫基尔一样，坚信"弗朗西斯·培根时代，人们可以想象到，在未来人类能积累比以往任何时候都更多、更有价值、更强大的信息"。他和莫基尔当然是对的，尽管（重复一遍）需要承认的是，我们目前对其他地方科学和知识的历史了解得还不够，无法完全肯定科学传统是欧洲独有的。在李约瑟之后的几十年里，我们经历了对中国科学技术史的彻底修正。[1]这一经验值得借鉴，让我们谨慎一点，不要把欧洲的优越性视为一个事实，而缺乏对欧洲以外其他民族的了解。不管怎样，如果我们假定人们"可以想象到"进步，那我们难道不是在处理一种意识形态上的变化吗？这一假设可不是制度的变化（至少在不使用套套逻辑的时候并非制度的变化）。我想戈德斯通和莫基尔会同意的。毕竟，至今尚存的制度，如教会、君主制、古典大学，都与进步的理念进行了殊死搏斗。最后死的当然是这些古老的制度。

戈德斯通、莫基尔和雅各布强调科学革命和启蒙运动的作用，他们的论证中有一个重大的证据问题，即这些革命或运动都是欧洲范围内的活动，并非英国所独有。

毕竟，伽利略和凯瑟琳大帝绝对不是英国人。然而，一直到1851年，经济大爆炸还都仅在英国范围内开展。音乐方面的创新发生在意大利和德国，相较于欧洲其他地区的音乐形式，这两地的音乐遥遥领先，而这种创新并没有发生在经济大爆炸的核心地带荷兰和英国。与此同时，查理曼帝国的残余部分当时肯定受到

---

1. 李约瑟所著《中国科学技术史》对现代中西文化交流影响深远。

第十五章 社会学家或政治哲学家的怀疑也不合理

了启蒙运动影响，但它们进入经济大爆炸的时间却非常晚。

戈德斯通指出，1851 年以前，"科学的进步激发了创新欲望、提供了实现创新的方式，但还没有相关创新成果能推动经济变革。"我非常同意。和莫基尔的观点不同，我认为高等科学在经济变革上产生重大影响的时间是 20 世纪。在此之前，的确有年轻的男性和一些女性受到高等科学的启发，但是并没有产生经济上的巨大影响。甚至是因为有机会尝试的普通人越来越多，才有了高等科学对人们的启发和后来产生的影响，高等科学本身也依赖于自由主义，或者至少（这里说的是德国大学里的化学教授们）是法西斯暴君强加的平等主义政策。正如戈德斯通在结束语中所说，高等科学本身也是由思想激发的。

我强调自由主义，而自 19 世纪 90 年代以来，大多数研究经济大爆炸的学生都将其搁置一旁，因为历史唯物主义在当时首次占领了欧洲人的头脑。最后，我认为戈德斯通会同意我的想法。

政治哲学家索尼娅·阿丹的观点和我恰好相同（因此我将只记下我们的分歧），即抵制她所说的新自由主义，也就是高斯赞成的博弈论，并复兴斯密和米尔的古典自由主义，正如她所说，古典自由主义将"道德承诺包括在内"。对于米尔的理论，学界的常规观点是他的伦理学研究甚至支撑起了他的经济学思想。她写道，"新自由制度主义者们"，如高斯，有时莫基尔也是，"专注于激励，将行动的伦理原因排除在外。"

她秉持左派的立场，我曾经也是。现在，我凌驾于左右两派支持的中央集权制之上，置身于现代真正的新古典自由主义[1]中，拒绝为了左派或右派的计划而摆布人们。这种自由主义正是她归功于我的"辩证法"，很好。事实上，阿丹想让我声明我是否赞成北欧社会民主主义。我很赞成，至少这种民主对北欧人和明尼苏达州人来说是很好的选择，我曾在实行社会民主主义的国家生活过[2]。我不确定在意大利或伊利诺伊州，这种社会民主主义会不会导致严重的腐败[3]。没有一个通情达理的意大利人或伊利诺伊州人想给他们的统治者更多的钱和权力，以便让他们继续假装为穷人做善事，而他们瑞士银行户头的钱却越来越多，在威斯康星州的狩猎小屋也变得越来越大。

阿丹提出"能否在实现理想的同时承诺建立最低限度的安全网，我要求麦克洛斯基表明立场，以确保最不富裕的人也能有发展机会。"很高兴你这样问了。答案是肯定的。正如我在书中经常说的，我是一个基督教自由主义者，一个新古典自由主义者（流血的心自由主义者），或者对平民来说，我是一个热爱自由和尊严的姐妹。请看看《为什么自由主义行得通》，在那里有我对这一立场的详细说明。

或许你会觉得我是一个"辩证的自由主义者"，显然阿丹也这样想。我在各种书籍和文章中都详细论述过，到目前为止，最好

---

1. 新古典自由主义：也称"流血的心自由主义"，是自由主义者的政治哲学，侧重于对公民权利和自由市场的研究。
2. 此处作者写到明尼苏达州是暗指乔治·弗洛伊德事件。2020年5月25日，乔治·弗洛伊德在明尼苏达州被捕，一名白人警官跪在他脖子上近9分钟后，弗洛伊德去世。为此美国各地爆发了骚乱，时任美国总统特朗普威胁派遣军队对付示威者。
3. 意大利一直是腐败程度最为严重的国家之一，伊利诺伊州以盛产腐败州长著称。

第十五章 社会学家或政治哲学家的怀疑也不合理

的安全网是强劲的经济增长,能让劳动者有尊严地致富,远比任何强制的财产转移或工会制度都强得多。而且无论如何,随着财富的不断增加,税收足以支撑起福利国家的制度,就像是19世纪50年代自由化开始之后,瑞典经济开始了显著的"资本化"和创新化,随后瑞典福利社会应运而生。也就是说,除非意大利或伊利诺伊州的政客们先拿到钱,强劲的经济增长确实能保护穷人。

显然,我需要阅读阿丹的作品,并且我承诺自己会这样做。之所以我还没开始读,是因为我发现她让我有一些(情理之中的)心烦。另一方面,很明显她也没有读过《资产阶级时代》三部曲中的其他书,因为她的许多观点我都在这几本书中预料到了或回应过了。当阿丹提到我和她相同的主张:"行为义务论[1]中规定的行为,包括遵循规则、承诺和保证、忠诚和信任,都取决于行动原因,与满足偏好无关。"她引用了森、豪斯曼和希斯,却没有引用我的作品,比如《经济学中的知识与劝诫(1994)》或我在《资产阶级美德(1994)》中更简洁的论述;和森阐述的"承诺"比起来,我的这两处论述都在哲学层面上运用了更细致的德行伦理学方法来证明这个命题。她说我"没有参与当代关于这个话题错综复杂的辩论",如果她读过《资产阶级美德》,她就会知道我确实参与过——除非事实正如我所猜测的那样,她心中"错综复杂的辩论"参与者仅限于一小群经济方法论学者,他们致力于研究分析哲学中的某些常规博弈。(如果她真读过《经

---

1. 行为义务论:又称"行为非结果论",是现代西方一种伦理学理论反对传统的规范伦理学,认为必须认清行为选择的具体境况,根据自己的感觉或直觉决定做自己认为是正确的事情,而不必去关心结果。

济学中的知识与劝诫（1994）》，她就会了解到我关于常规博弈价值的详细结论。）在一句令人费解的话中，她抱怨我"在当代辩论中，论证有利于重述资本主义历史的关键点时，采用的是文学证据而非手术般的深入探究。"我使用来自文学和历史的证据这一做法似乎激怒了她，仿佛常规的分析哲学是唯一能抓住"关键点"的方法，但我并不这样认为。教化他人的途径有很多，但我想她并不赞成理查德·罗蒂的看法——哲学应当启发、说服人们去过美好的生活。

此外，她犯了和高斯一样的错误，都认为我的观点和韦伯一致，把"资产阶级变好了，表现出'节制和精明的优良美德'"这一观点归功于我。不，资产阶级一直都是这样的。在古罗马或如今的新德里，人们对成功商人的定义就是具有"节制和精明的优良美德"。真正发生改变的是（她在同一句话中把这一因素和韦伯的概念搞混了）社会"对人类尊严和自由的承诺"。一句话，自由主义。

我本该建议评论家们读一读，或无论如何至少要买下来《资产阶级尊严》（提供了大部分经济学知识）和《资产阶级美德》（提供了大部分伦理哲学知识）。但是我承认 700 页是相当多的，1700 页几乎是"不可原谅的"。（阿丹抱怨我没有引用哈贝马斯。她一定漏掉了《资产阶级平等》的第 395 页和第 535 页，更不用说《资产阶级美德》了。还有我在 20 世纪八九十年代写的关于修辞学的作品，都大量引用了德国社会学家、哲学家尤尔根·哈贝马斯这位受人尊敬的学者。人们通常不读他的作品，因为他的作品不好读。）但我们不能指望一个评论者读那么多页。尽管如此，即使是只读一点点，她也不会对"所谓"的我的观点

第十五章　社会学家或政治哲学家的怀疑也不合理

发表一些恼人的、甚至是愚蠢的评论。

对于她的这篇评论,她重新考虑后修改了自己早期的初稿。在初稿中,阿丹表示我举的例子并非"严谨呈现的案例",这表明她没看过《资产阶级尊严:为什么经济学无法解释现代世界》——我再重复一遍,也可能是因为她所说的"严谨呈现"还是用常规分析哲学的方法呈现,而不是真正将所有启发性的论点和证据纳入讨论。她希望"麦克洛斯基还是承认了资本主义只是从统计数据上看,平均水平更高,并且一些人为经济增长付出了代价。"这样的话语是属于政治理论家的话语,这些人实际上并不接受纯量化或纯经济的思考方式。正如我通篇严格陈述的那样,"只是从统计数据上看,平均水平更高"指的是从 1800 年到现在,人均经济增长 10 000% 以上。增长率如此之高,以至于我们几乎不可能找到"为经济增长付出代价的人"。增长率为 100%,会有为此付出代价的人;增长率为 3 000%,不太可能有;增长率为 10 000%,嗯,你明白我的意思。

因此,经济大爆炸当然是"包容性的"。只有那些觉得工程师不能准确判断数量级的人才会否认这一结论。整个收入分配变化如此迅速,以至于在芬兰,几乎所有人都比他的祖先们身高更高、寿命更长,识字量比 1921 年《义务教育法》之前的芬兰人更多,并且不再有人像 1866—1868 年芬兰饥荒时一样挨饿。从经济角度来看,举个例子,传统农民的土地被开发商买走了,农民因此分享了致富成果。汽车发明给马具制造商带来的损失被其他人的收益,甚至是开着福特车到处跑的马具制造商的收益所抵消。"仅仅"量化的经济增长使几乎所有的芬兰人,无论是农民还是马具制造商，都更加健康，更少遭受饥饿，识字率达到99.98%。

但阿丹接受的明显是左派历史的规范，所以我怀疑她的态度并不会轻易改变。她要求我回应马克思主义的历史和经济学。然而，实际上《资产阶级时代》三部曲的主题之一就是对马克思主义做出细节上的回应，抑或说从1968年开始，这就是我的学术生涯的主题。正如哈耶克（1954年）很早就指出的那样，左派确信，"资本主义"中一定有某种原罪（顺便说一下，英国人并没有"发明"资本主义的实质）。阿丹也不能例外。正如我在《资产阶级时代》三部曲中展示的，这样的左派历史存在缺陷。人们无法回应从头到脚都有缺陷的历史说法，尽管我一直在努力做出回应。

例如，从马克思主义的角度（至少是从受马克思主义影响的风尚出发），她严厉地批评了我，因为我"忽视了奴隶贸易"。这再次证明她不熟悉《资产阶级时代》三部曲中的另外两本。她相信"奴隶制中的非裔美国人遭受的不公正待遇显而易见……这可以说是促进经济飞速增长的重要因素"。如舍伍德和巴普蒂斯特，都认为奴隶制对经济增长至关重要。我知道，谴责这种不公正待遇会让人们觉得自己站在了道德高地，因为奴隶制确实是不公正的（或者至少在许多资产阶级，如《奇异恩典》的作者约翰·牛顿[1]和威廉·威尔伯福斯给予我们教导之后，我们开始这样认为）。

---

1. 约翰·牛顿，英格兰圣公会牧师。之前从事大西洋黑奴贸易，在信基督教并放弃其生意之后，写出了著名的赞美诗《奇异恩典》。威廉·威尔伯福斯，英国国会下议院议员（1780—1825年）、慈善家、废奴主义者，是英格兰废除奴隶运动的领袖之一，领导国会内的废除奴隶行动，对抗英帝国的奴隶贸易，并于1807年亲自见证《废除奴隶贸易法案》的通过。

第十五章　社会学家或政治哲学家的怀疑也不合理

奴隶制是促成经济大爆炸的关键原因,尽管这种观点在林肯第二任就职演说中得到了崇高体现,但无论从经济学还是从历史上来说,这种观点仍然是不可信的。有很多事实论据可以用来反驳这种观点。如果阿丹走出她的左派政治舒适区,阅读了有关奴隶制历史的书籍,她就会了解到这些。首先,奴隶制是古老的,但现代经济增长是属于现代的。其次,奴隶制对西方的发展不是必要的,因为奴隶制废除后,经济增长还在加速。再举一个例子,1870年美国南方的棉花产量和该地区1860年奴隶制时期的产量相同。正如我刚才所指出的,致力于废除"合法奴隶制"的是资产阶级的"资本主义"社会,尤其是在英国和美国北部,"在这种制度中某些人获利,另外的人承受负担"。无论是左派还是右派都有共同的论证手段:可以说,"我对政治信念 X 满怀激情;有些人说的话似乎与 X 一致;那我便无须再进一步探索,因为我们属于同一派别;X 显然是正确的,任何说 X 不对的人都一定是我的敌人。麦克洛斯基就是我的敌人。"很难向敌人学习。

然后,她再次批评了我,因为我"没有解释不平等的问题"。这一批评依然是她左派观点的另一体现,紧跟潮流又狂妄自负。事实上,我在《资产阶级平等》中对不平等问题进行了大量论述,并在针对皮凯蒂作品的长篇评论中以更直接的方式进行了解释,这篇评论的修改稿收录在《为什么自由主义行得通》一书中。

不过,阿丹最后终于摒弃了左派的陈词滥调,开始了真正的讨论。在我非常欣赏的几页中,她写道,"麦克洛斯基的论点可能不完整,因为她没有针对'自由'或人类尊严给出充分的定义或解释"（顺便说一句，我定义了'自由'或人类尊严，并给出了清晰的解释）。她正确地指出，亚当斯密有两个微观原则，一个是精明原则，另一个是公正的旁观者原则[1]（并非阿丹所谓的"公正的法官"；在科学辩论中对这些术语进行检查才能称得上谨慎），这两个原则都会产生宏观的结果。对此我有过详细论述，我把公正的旁观者原则称为斯密的另一只"看不见的手"[2]，即社会之手，与经济之手相对。我们通过在社会舞台上的互动成为社会中礼貌的一员——注意"互动"这个词。因此，阿丹认为我提出的是"一种辩证结构，将道德和有形的自我改善置于互补的基础上。"对于她的这一建议，我满怀感激地接受了。

---

1. 公正的旁观者：是亚当·斯密在其著作中对良心的隐喻。
2. 看不见的手：是亚当·斯密于 1776 年在《国富论》中提出的命题。最初的意思是，个人在经济生活中只考虑自己利益，受"看不见的手"驱使，通过分工和市场的作用，可以达到国家富裕的目的。后来，"看不见的手"便成为表示资本主义完全竞争模式的形象用语。

第十六章
甚至连经济历史学家的怀疑也不可信

最后说一说我亲爱的朋友乔尔·莫基尔。单看他尖刻的评论你也许猜不到，我们两人在经济、历史和经济史等领域就大量的实质内容和方法论达成了一致（也许在政治上的某些细节有些许差异）。我们已经提到过社会科学的核心问题——为什么我们比祖先们富裕得多？对于这一问题的研究莫基尔比我早了十年。他教了我很多，没有他的书，我不可能写出我的书。

从马克思到《魔鬼经济学》[1]，莫基尔和我以及极少数其他人坚持反对无思想的叙述。正如莫基尔所写，"我曾写过'经济变化很大程度上取决于人们的信仰，这一程度超出大多数经济学家的想象'，麦克洛斯基引用了我这句话。"这句话（他 2010 年著作的起始句）看似是显而易见的，但我们需要不断重述才能摆脱历史唯物主义的遗骸。莫基尔和我非常同意戈德斯通、雅各布和

---

1. 《魔鬼经济学》：是指由经济学家史蒂芬·列维特及新闻工作者史蒂芬·都伯纳所写的一本社会学书籍，主要目的是探讨一些现象，并以日常生活的细节来解释。

糟糕的经济学

琼斯的观点——即人类思想是经济大爆炸的"蒸汽动力"。在不成熟年代，戈德斯通、雅各布和琼斯三人组成了一个小型经济史思想学派，在草率的唯物主义中崛起。

莫基尔和我意见不完全一致的地方在于蒸汽动力是否是经济大爆炸的动力。也就是说，莫基尔认为科学在经济大爆炸早期很重要。例如，一旦科学家证明了空气有重量，冷凝蒸汽产生的真空可以吸入活塞，人们就可以依照科学规律想象大气蒸汽机。而我认为，如果我们根据创新行为的实际经济贡献来进行衡量，直到大约 1900 年科学才开始有那么大的经济效应，而像莫基尔一样，列出一条条创新成果并把这些成果夸得天花乱坠并无法得到这样切实的结论。1990 年之前，技术和技术人员为我们累积下了大部分财富，其中相当一部分保留到了现在。技术人员也就是我们经常说的"修补匠"（玛格丽特·雅各布在其作品中对"修补匠"这个词表达了厌恶之情，却因为工程师从事同样的工作对他们表达了赞赏）。

在这里我用的是首字母大写的科学（Science）这个有争议的词，因为我想避免使用另一个危险的词——"科学技术"（Science and Technology），这个词在多数情况下作为通俗用语出现。"科学技术"实际上是一个德语复合词，科学家们以此将技术归功于自己，但大部分的技术工作和科学家们的联系并没有那么密切。欧洲核子研究中心的高能物理学家以"科学技术"为由保持数十亿美元研究资金的流动，他们应该为物理学发展停滞了大约 50 年而感到尴尬（我之前也提到过，他们被引导，称大部分物质和能量为"暗物质""暗能量"）。（尽管花在经济学上的钱比花在物理

第十六章　甚至连经济历史学家的怀疑也不可信

学或天文学上的钱少了三位数,我还是要承认我所热爱的经济学也有这方面的问题;如果在经济学上多花十倍的钱,我们就会对经济增长的原因有非常深刻的理解,就能轻而易举地为基本粒子的进一步研究和载人火星航行提供资金）。STEM[1]领域还包括字母 M 代表的数学家们,他们主要对数论或代数拓扑中的希腊式证明感兴趣,但这些基本上没有任何实际应用的空间。

我再说一遍,我不反对科学。作为一个通情达理的人,我相信全球变暖,并在经济学这一相关学科亲身实践,评估气候变暖的原因和解决方案。很难说我是反对科学的人,当然我也不反对古老的基础科学。正如我之前所说,在过去一个半世纪里,牛津英语词典中 Science（科学）一词的 5b 义项奇怪地变成了"普通用法中的常用意义"。也就是说,Science 被定义为仅限于物理学和生物学的"科学"。然而在除了英语之外的语言中,莫基尔和我都是科学家（有趣的是,我和莫基尔俩人的配偶都是 5b 义项所指的科学家）。因此,我和莫基尔都更喜欢荷兰语中的 Geesteswetenschappen 一词,意为"精神科学"。

作为一个公民,我只是反对科学的傲慢,因为即便某种科学是无用的、反自由的,甚至是危险的,它还是会要求我们这些纳税人提供资金支持。相比于对欧洲核子研究中心或太空计划数十亿美元的资助,对诗人的补贴将更快地增加人类福利。我只是站在经济和历史科学家的立场上,反对科学造就了商业检验过的改

---

1. STEM：即理工科,是科学（Science）、技术（Technology）、工程（Engineering）及数学（Mathematics）四类学科的首字母缩略字。

良，进而催生了整个富裕的现代世界的说法。这种说法又拿"科学技术"当借口。

或者让我们说一个稍微不同的经济观点。我注意到（在《资产阶级平等》一书中也提到）如果在经济大爆炸最初的几个世纪中，科学事业本身没有得到大量资助，那后期也就没有什么科学成果可言了。科学事业受到的资助包括让德国男孩去柏林大学学习化学，让美国男孩去爱荷华州立大学学习遗传学，随后甚至女孩也得到了上大学的机会。进一步来说，在不自由的世界里，自由的探索将会被粉碎。

1900 年之前（经济大爆炸最初的几个世纪），或者把更大规模的创新包含在内（例如青霉素，喷气发动机的发明），直到 1950 年左右，经济发展主要归因于技术，而不是让莫基尔如此神魂颠倒的培根式高等科学[1]。毫无疑问，正如他所写，"德国吉森大学的化学家发展了有机化学，对工业和农业产生了巨大影响。"但是，从经济角度来说，"巨大的影响"是什么时候出现的？除非你认为凡·高使用的"合成曙红色"（即天竺葵红）是一种"巨大的影响"，否则直到弗里茨·哈伯和人造化肥（顺便说一句，还有第一次世界大战中的有毒气体）的出现，这种巨大的影响才产生，而且这种化肥直到 20 世纪才被广泛使用。如我所说，化肥和毒气产生效益的时间都很晚。

莫基尔声称，"麦克洛斯基只是简单否定了经济大爆炸早期

---

1. 培根开创了现代实验科学，被马克思称为"英国唯物主义和整个现代实验科学的真正始祖"。

第十六章　甚至连经济历史学家的怀疑也不可信

科学和科学革命带来的影响,认为它们是不重要的,没有什么实际价值。直到'20世纪60年代,我们想去月球航行',科学的价值才逐渐凸显。"我其实是这么说的:

> 在莫基尔的叙述中,弗朗西斯·培根是各种科学"弥赛亚"的"圣若翰洗者",牛顿就是"弥赛亚"[1]中的佼佼者。但是,直到经济大爆炸后期,包括牛顿在内的"弥撒亚"们才创造出实质性的奇迹,比如在20世纪60年代当我们想去月球的时候,科学家的工作才有了实质性的帮助。更早的、与技术相关的奇迹并非由科学"弥赛亚"领导,而是由"普通信徒"开创,这些"普通信徒"生活在自由社会中,掌握了可自由流传的技术。普通人改善了人类生活,资产阶级重估给予他们尊严和自由。

这种举例让莫基尔把我描述成了某种疯子,拒绝电力、催化裂化、染料、无线电、飞机、人造化肥和抗生素,所有这些产物都有来自高等科学的大量投入。实际上,我早就在出版物和个人通信中反复对他说过我的想法,在他坦率地与我分享了他的评论文章初稿之后,我在回信中也阐述过这个问题,然而他最后还是忽略了我的回复。我认为,正如我所说,到1900年左右,科学才开始在经济发展中占有相当大的比重。那时候可没有登月计划

---

1. 弥赛亚:基督宗教术语,意指受上帝指派,来拯救世人的救主。圣若翰洗者是基督教、伊斯兰教中的一个重要人物。据基督教和伊斯兰教的说法,圣若翰洗者在约旦河中为人施洗礼,劝人悔改,耶稣在死亡之河(约旦河)接受圣若翰洗者的洗礼。

（尽管不可否认，登月计划是牛顿运动定律在太空航行方面最伟大的应用）。

　　莫基尔说我"忽略了氧气的发现者，碳酸饮料、铅笔以及橡皮的发明者约瑟夫·普利斯特里"。首先，我没有。其次，碳酸饮料、铅笔和橡皮的例子并不能证明莫基尔"科学是经济大爆炸的主要原因"的观点。相反，它证实了在1900年之前，科学只是在经济生活的几个小角落里发挥"重要作用"。

　　就好像我引发了某种对科学的控诉，莫基尔照例陷入了为科学的愤怒辩护，他宣称"摒弃正式的、编集成典的知识在推进技术发展中的任何作用，否认培根式的高等科学在西方取得的巨大胜利，这种说法根本就不合理。"（我想也许他下一步会指责我相信仙女和占星术，但他忍住了。）我从未否认科学在致富方面起到的任何作用。我又要对他说：亲爱的，你这项指控不合理啊！你说的是科学在1800年，或者更早之前就有重大影响；我说的是重大影响在1900年或更晚些时候发生。这是一个经验性的问题。我们应该本着经济科学的精神去发现真相。

　　在这篇评论中，莫基尔的言辞经常毫无理由就变得激烈起来。其中也许有一个令人忧心的原因，那就是他觉得我没有带着足够的虔诚加入对科学的现代式崇拜，并且他认为带着这种崇拜，真正的科学家就会鄙视人文学科。在声称我忽略了普利斯特里的段落中，他对我"写了很多关于简·奥斯汀的东西"表示愤怒。若非担心自己的"科学家"头衔不保，一个真正的科学家不会蔑视进行范畴研究的人文学科。但长期以来，莫基尔一直向我和其他人表达他对英语系的蔑视。我希望他能接受其他的认知方式，第

第十六章　甚至连经济历史学家的怀疑也不可信

一步就是充分运用他高度的智慧,全神贯注地听别人讲话。

当然,作为一个伟大的经济史学家、技术史领域的优等生,莫基尔确实很有头脑。他立即收回了所有的话,写道:"麦克洛斯基指出,科学产生的切实成就起初是微不足道的,这当然是正确的。许多科学领域的进步都将在经济大爆炸中实现成果最大化,可是现实结果却比预期的要混乱和复杂得多。18世纪,后牛顿时代的科学家曾希望将化学、医学、生物学和农业科学'牛顿化',但从短期来看,这些希望都落空了[1]。"我自己都不可能说得比这好,他还为了证明这一点,遵循英语系的风格引用了塞缪尔·约翰逊的名言,这句名言我都没见过。

然而,他又一次偏离了轨道:"经济学家还是不满意:这个模型真正的驱动力是什么？ 16和17世纪,西北欧的话语变化和'资产阶级重估'盛行的原因及过程如何？为什么没有发生在其他地方,或者其他时间？"我的回答是,上帝啊,笨蛋,我给出了大量证据来回答这些问题。而且他对我论证过程的简短引用根本不能代表我的论点,我写了数百页各种各样的文章来对其进行证明,在莫基尔的评论中,他对我观点的重述却是愚蠢又轻率的概括,显得我的论点不能成立且没有根据。

我的实际论点的确是非正统的,在卢卡斯、阿齐默鲁、诺斯和格雷夫等秉承资本或制度积累等正统观点的前辈看来,这种观点似乎是疯狂且目无尊长的。莫基尔此处正是利用了正统观点的

---

1. 牛顿思维的思想核心是客观、精确、机械的数学模式,依靠客观的、数学的方式去了解自然现象。

言语优势（我要对他说，亲爱的，诉诸你本人所反对的正统，这是一种低级把戏）。他说，"事实上，每个人都知道事实（经济史上有多种可疑的说法，有些说法他自己承认是可疑的，有些他已经亲身证实是可疑的）就是如此。麦克洛斯基否认这一点难道不令人震惊吗？！"

我在其他地方看到莫基尔承认，19世纪30年代可能是科学真正开始对经济产生重大影响的时候。我认为这一时间是19世纪90年代。考虑到其他人认为物质原因至关重要，而我们两人都否认这一因素，这一时间上的差距便没有太大的影响。（就像我刚才说的，莫基尔反对正统。）我再说一遍，要想解决我们之间次要的科学分歧，方法就是计量。我曾在与他的通信中反复建议，选取随机的经济活动样本，仔细思考科学在不同样本中起到的作用。他并没有对我的建议给出回应。

但无论如何（经济史学家罗伯特·马戈曾提出这一观点），罗伯特·福格尔计算出铁路的社会储蓄后[1]，经济学家和经济史学家撇下自己的研究，仅向伟人、伟大发明或伟大的政府干预挥手致意，愤怒地向任何怀疑者宣布，经济的基石显然是这些伟大的人和事物，这种做法显然行不通了。"基石"这一比喻确实是一种"隐喻"，需要对它的替代品进行计算才能得出其本身的价值。这就是经济学。否则，人们就会像玛丽安娜·马祖卡托一样，说经济是"基于"碳酸饮料和铅笔橡皮的经济，因为每个人都使用

---

1. 福格尔在其代表作《铁路和美国经济增长：计量经济史学论文集》中，用大量的历史数据得出结论：铁路对美国GDP的增长的贡献率不到3%。

第十六章 甚至连经济历史学家的怀疑也不可信

这些东西。想象一下,如果我们的碳酸饮料和橡皮突然消失了,上帝啊!

莫基尔承认资产阶级重估很重要。我请他有力地说出来,并承认科学革命的广泛发展和累累硕果是自由主义带来的,这种自由主义给了穷人尝试的机会,例如汉弗里·戴维、约瑟夫·傅立叶和托马斯·爱迪生等工人阶级的普通孩子都有机会成为科学创新中的佼佼者。促进科学革命发展的并不是"资产阶级崛起"这种陈词滥调,也不是资产阶级在科学、技术方面的精英地位,这种精英地位的"崛起"同样离不开政治、社会或道德的支持。

简而言之,我们的主要观点是一致的。从拉赫曼到高斯、贝克、戈德斯通、阿丹和莫基尔,每个人都认为思想非常重要,尤其是自由主义思想,它催生出了有关技术、科学和制度的想法。

这项一致意见预示着新的科学进步。实话实说,在18世纪的自由主义思想中,这种共识是司空见惯的。若非如此,这一共识本身就是创新性的。相比之下,19世纪知识分子的思想是创新性的,随后流行开来,但其中大多数想法是错误的、邪恶的。民族主义和社会主义在其中占据主导地位从科学种族主义、地理决定论到傲慢的专家制定的规则,这些思想涵盖的范围很广。与当时的恩斯特·海克尔[1]和现在的唐纳德·特朗普等人的观点不同,经济大爆炸证明了拥有所谓"劣等基因"的种族、阶级和族裔都

---

1. 恩斯特·海克尔:德国生物学家、博物学家,将达尔文的进化论引入德国并在此基础上继续完善了人类的进化论理论,是德国优生论的启发人。

并非劣等群体，事实证明他们很有创造力。与当今伯尼·桑德斯[1]的观点相反，被剥削的无产阶级并没有穷困潦倒，他们的生活反而得到了改善。

19世纪，知识分子陷入了对一系列伪发现的狂热追求，这些发现是极其错误的唯物主义产物，许多知识分子为此违背了早期的理想化承诺——将自由和尊严带给普通人。他们忘记了19世纪的主要社会发现，人们已经在科学层面证实了这一发现（早期人文经济学的发现也证实了这一点）——普通的男女无须受人支配。不要摆布他们了，这就是自由主义。当自主的成年人享受到尊重和自由时，他们会变得极具创造力。美国民主主义诗人沃尔特·惠特曼吟诵道："我拥群像"[2]。他，和我们，都做到了。

因此，这就是人文经济学的科学成果。

---

1. 伯尼·桑德斯：是美国历史上首位信奉民主社会主义的参议员，也是极少数进入联邦公职的社会主义者。
2. 此处为惠特曼代表作《自我之歌》第51节中的著名诗句。对于惠特曼来说，"自我"是一个不断进化、扩展的实体，新的经历总是会拓宽先前的信念。所以，人们必须保持开放的"自我"，解除对"自我"的限制和制约。

参考文献

Akerlof, George A. 1970. "The Market for 'Lemons': Quality Uncertainty and the Market Mechanism." *Quarterly Journal of Economics* 84:488–500.

Amadae, Sonja M. 2016. "Dialectical Libertarianism: The Unintended Consequences of Both Ethics and Incentives Underlie Mutual Prosperity." *Erasmus Journal for Philosophy and Economic* 9 (2): 27–52. http://ejpe.org/pdf/9-2-art-4.pdf.

Amariglio, Jack, with Deirdre Nansen McCloskey. 2008. "Fleeing Capitalism: A Slightly Disputatious Conversation/Interview among Friends." In *Sublime Economy: On the Intersection of Art and Economics*, edited by Jack Amariglio, Joseph Childers, and Steven Cullenberg, 276–319. London: Routledge.

Antioch, Gerry. 2013. "Persuasion Is Now 30 Per Cent of US GDP." In *Economic Roundup*, vol. 1, Australian Treasury, 1–10. http://ideas.repec.org/a/tsy/journl/journl_tsy_er_2013_1_1.html.

Aquinas, St. Thomas. 1984. *Treatise on the Virtues*. Translated and edited by John A. Oesterle. Notre Dame, IN: University of Notre Dame Press. Ardagh, John. 1991. *Germany and the Germans*. Rev. ed. London: Penguin.

Arendt, Hannah. (1951) 1985. *The Origins of Modern Totalitarianism*. New ed. New York: Harcourt.

Aristotle. 1968. *Aristotle's Politics*. Edited by E. Baker. Oxford: Oxford University Press.

Arrow, Kenneth J. 1960. "Decision Theory and the Choice of a Level of Signifi-cance for the *t*-Test." In *Contributions to Probability and Statistics: Essays in Honor of Harold Hotelling*, edited by Ingram Olkin et al., 70–78. Stanford, CA: Stanford University Press.

Ausländer, Rose. *Gedichte von Rose Ausländer*. http://www.deanita.de/buecher19.htm.

Baker, Jennifer. 2016. "A Place at the Table: Low Wage Workers and the Bourgeois Deal." *Erasmus Journal for Philosophy and Economics* 9 (2): 25–36. http://ejpe.org/pdf/9-2-art-3.pdf.

Banfield, Edward C. 1958. *The Moral Basis of a Backward Society*. New York: Free Press.

Battalio, R. C., and John Kagel. 1975. "Experimental Studies of Consumer Demand Behavior Using Laboratory Animals," *Economic Inquiry* 13 (March): 22–38.

Battalio, R. C., and John Kagel. 1981. "Commodity Choice Behavior with Pigeons as Subjects." *Journal of Political Economy* 89:67–91.

Baumol, William, Robert E. Litan, and Carl J. Schramm. 2007. *Good Capitalism, Bad Capitalism, and the Economics of Growth and Prosperity*. New Haven, CT: Yale University Press.

Berman, Harold J. 2003. *Law and Revolution, II: The Impact of the Protestant Ref- ormations on the Western Legal Tradition*. Cambridge, MA: Harvard Univer- sity Press.

Berman, Sheri. 2006. *The Primacy of Politics: Social Democracy and the Making of Europe's Twentieth Century*. Cambridge: Cambridge University Press.

Blainey, Geoffrey. 2009. *A Shorter History of Australia*. North Sydney: Random House Australia.

Boettke, Peter J., and Virgil Henry Storr. 2002. "Post Classical Political Economy." *American Journal of Economics and Sociology* 61 (1): 161–91.

Bowles, Samuel, and Herbert Gintis. 2011. *A Cooperative Species: Human Sociality and Its Evolution*. Princeton, NJ: Princeton University Press.

Brailsford, H. E. 1961. *The Levellers and the English Revolution*. Stanford, CA: Stanford University Press.

Bresson, Alain . 2016. *The Making of the Ancient Greek Economy: Institutions,*

Markets, and Growth in the City States. Translated by Steven Rendall. Chicago: University of Chicago Press.

Bruner, Jerome. 1983. *In Search of Mind: Essays in Autobiography.* New York: Harper and Row.

Butler, Joseph, Bishop. (1725) 1736. *Fifteen Sermons.* In *The Analogy of Religion and Fifteen Sermons*, 3rd ed., 335–528. London.

Cartwright, Nancy, and Jeremy Hardie. 2012. *Evidence-Based Policy: A Practical Guide to Doing It Better*. New York: Oxford University Press.

Child, Josiah. 1698. *A New Discourse of Trade*. London.

Clark, Gregory. 2007. *A Farewell to Alms: A Brief Economic History of the World*. Princeton, NJ: Princeton University Press.

Coase, Ronald, and Ning Wang. 2013. *How China Became Capitalist.* Basingstoke: Palgrave-Macmillan.

Cowen Nick, Ilia Murtazashvili, and Raufhon Salahodjaev. 2021. *Individualism and Well-Being* Brighton: Edward Arnold.

Danford, John W. 2006. " 'Riches Valuable at All Times and to All Men': Hume and the Eighteenth-Century Debate on Commerce and Liberty." In *Liberty and American Experience in the Eighteenth Century*, edited by David Womersley, 319–47. Indianapolis, IN: Liberty Fund.

Davidoff, Leonore, and Catherine Hall. 1987. *Family Fortunes*: *Men and Women of the English Middle Class, 1780–1850*. Chicago: University of Chicago Press.

DeMartino, George F. 2011. *The Economist's Oath: On the Need for and Content of Professional Economic Ethics*. New York: Oxford.

DeMartino, George F., and Deirdre Nansen McCloskey, eds. 2016. *The Oxford Handbook of Professional Economic Ethics.* New York: Oxford University Press. Diamond, Arthur M., Jr. 1988. "The Empirical Progressiveness of the Gen- eral Equilibrium Research Program." *History of Political Economy* 20, no. 1 (Spring): 119–35.

Dolan, Edwin, ed., 1976. *The Foundations of Modern Austrian Economics*. Kansas City: Sheed and Ward.

Dryden, John. (1672) 1994. *Amboyna*. In *The Works of John Dryden*, vol. 12, edited by V. A. Dearing. Berkeley: University of California Press.

Feynman, Richard. P 1974. "Cargo Cult Science: Some Remarks on Science, Pseu- doscience, and Learning How to Not Fool Yourself" (commencement address at Caltech). *Engineering and Science* 37 (7), http://calteches.library.caltech.edu/51/2/CargoCult.pdf.

Field, Alexander. 2003. *Altruistically Inclined? The Behavioral Sciences, Evolutionary Theory, and the Origins of Reciprocity*. Ann Arbor: University of Michi- gan Press.

Findlay, Ronald, and Kevin H. O'Rourke. 2007. *Power and Plenty: Trade, War, and the World Economy in the Second Millennium*. Princeton, NJ: Princeton University Press.

Frank, Robert H. 2014. *What Price the Moral High Ground? How to Succeed with- out Selling Your Soul*. Princeton, NJ: Princeton University Press.

Gaus, Gerald. 2016. "The Open Society as a Rule-Based Order." *Erasmus Journal for Philosophy and Economics* 9 (2): 1–13. http://ejpe.org/pdf/9-2-art-1.pdf.

Gerschenkron, Alexander. 1962. "Reflections on the Concept of 'Prerequisites' of Modern Industrialization." In *Economic Backwardness in Historical Perspective: A Book of Essays*, 31–51. Cambridge, MA: Harvard University Press.

Gerschenkron, Alexander. 1970. *Europe in the Russian Mirror: Four Essays in Economic History*. Cambridge: Cambridge University Press.

Gintis, Herbert. 2009. *The Bounds of Reason: Game Theory and the Unification of the Behavioral Sciences*. Princeton, NJ: Princeton University Press.

Goethe, Johann Wolfgang von. 1963. *Goethe's Faust: Part 1 and Sections of Part 2*. Translated by Walter Kaufman. Garden City, NY: Anchor.

Goffman, Erving. 1961. *Asylums: Essays on the Social Situation of Mental Patients and Other Inmates*. New York: Doubleday.

Goldstone, Jack A. 1998. "The Problem of the 'Early Modern' World." *Journal of the Economic and Social History of the Orient* 41:249–84.

Goldstone, Jack A. 2002. "Efflorescences and Economic Growth in World History: Rethinking the 'Rise of the West' and the Industrial Revolution." *Journal of World History* 13:323–89.

Goldstone, Jack A. 2016. "Either/Or: Why Ideas, Science, Imperialism, and Institutions All Matter in 'The Rise of the West.' " *Erasmus Journal for Philosophy and Economics* 9 (2) 14–24. http://ejpe.org/pdf/9-2-art-2.pdf.

Greif, Avner. 2006. *Institutions and the Path to the Modern Economy: Lessons from Medieval Trade*. Cambridge: Cambridge University Press.

Grotius [Hugo de Groot]. 1625. "Preliminary Discourse concerning the Certainty of Rights in General." In *De iure belli ac pacis*. English trans. of 1738, from the French of Jean Barbeyrac, 1720.

Hanna, Robert. 2017. "The Togetherness Principle, Kant's Conceptualism, and Kant's Non-Conceptualism." Supplement to "Kant's Theory of Judgement *Stanford Encyclopedia of Philosophy*. https://plato.stanford.edu/entries/kant-judgment/supplement1.html.

Harkness, D. 2008. "Accounting for Science: How a Merchant Kept His Books in Elizabethan London." In *The Self-Perception of Early Modern Capitalists*, edited by Margaret C. Jacob and Catherine Secretan, 205–28). New York: Palgrave Macmillan.

Hart, David Bentley. 2013. *The Experience of God: Being, Consciousness, Bliss*. New Haven, CT: Yale University Press.

Hayek, Friedrich A., ed. 1954. *Capitalism and the Historians: Essays by Hayek, T. S. Ashton, L. M. Hacker, W. H. Hutt, and B. de Jouvenel*. Chicago: University of Chicago Press.

Higgs, Robert. 1987. *Crisis and Leviathan: Critical Episodes in the Growth of American Government*. New York: Oxford University Press.

Hobbes, Thomas. 1914. *Leviathan*. Everyman Edition. London: J. M. Dent. Hoover, Kevin, and Mark Siegler. 2008. "Sound and Fury: McCloskey and Signifi-cance Testing in Economics." *Journal of Economic Methodology* 15:1–37.

Horgan, John. 1996. *The End of Science: Facing the Limits of Science in the Twilight of the Scientific Age*. New York: Broadway Books.

Horst, H. 1996. *The Low Sky: Understanding the Dutch*. Schiedam: Scriptum. Hughes, Langston. 1936. "Let America Be America Again." https://poets.org/poem/let-america-be-america-again.

Hume, David. (1741–1742) 1987. *Essays, Moral, Political and Literary*. Edited by

E. F. Miller. Indianapolis, IN: Liberty Fund.

Ibsen, Henrik. (1877) 1965. *The Enemy of the People*. In *Ibsen: The Complete Major Prose and Plays*, translated and edited by R. Fjelde. New York: Penguin.

Ibsen, Henrik. (1891) 1965. *Hedda Gabler*. In *Ibsen: The Complete Major Prose and Plays*, translated and edited by R. Fjelde. New York: Penguin.

Ibsen, Henrik. 1965. *Ibsen: The Complete Major Prose and Plays*. Translated and edited by R. Fjelde. New York: Penguin.

Jacob, Margaret C. 2001. *The Enlightenment: A Brief History*. Boston: Bedford/St. Martin's.

Jacobs, Jane. 1985. *Cities and the Wealth of Nations: Principles of Economic Life*. New York: Vintage.

Jacobs, Jane. 1992. *Systems of Survival: A Dialogue on the Moral Foundations of Commerce and Politics*. New York: Random House.

Johnston, Louis D. 2012. "History Lessons: Understanding the Decline in Manu- facturing." *MinnPost*, February 12. http://minnpost.com/macro-micro-minnesota/2012/02/history-lessons-understanding-decline-manufacturing.

Jones, Eric L. 2010. *Locating the Industrial Revolution: Inducement and Response*. London: World Scientific.

Kadane, Matthew. 2008. "Success and Self-Loathing in the Life of an Eighteenth-Century Entrepreneur." In *The Self-Perception of Early Modern Capitalists*, edited by Margaret C. Jacob and Catherine Secretan, 253–71. New York: Palgrave Macmillan.

Kagan, Jerome. 2006. *An Argument for Mind*. New Haven, CT: Yale University Press. Kelvin, William Thompson, Lord. (1883) 1899–1889. "Electrical Units of Mea-surement." Reprinted in *Popular Lectures and Addresses*, vol. 1. London.

Kennedy, Paul M. 1976. *The Rise and Fall of British Naval Mastery*. New York: Scribner's.

Keohane, Nannerl O. 1980. *Philosophy and the State in France: The Renaissance to the Enlightenment*. Princeton, NJ: Princeton University Press.

Keynes, John Maynard. 1936. *The General Theory of Employment, Interest and Money*. London: Macmillan.

Klamer, Arjo, and Deirdre Nansen McCloskey. 1995. "One Quarter of GDP Is Persuasion." *American Economic Review* 85:191–95.

Klamer, Arjo. 2011. "Cultural Entrepreneurship." *Review of Austrian Economics* 24:141–56.

Lachmann, Ludwig M. 1950. "Economics as a Social Science." *South African Jour- nal of Economics* 18: 215–18.

Lachmann, Ludwig M. 1971. *The Legacy of Max Weber.* Berkeley: Glendessary Press. Lachmann, Ludwig M. 1976a. "Austrian Economics in the Age of the Neo- Ricardian Counterrevolution." In *The Foundations of Modern Austrian Eco-nomics*, edited by Edwin Dolan, 215–23. Kansas City: Sheed and Ward.

Lachmann, Ludwig M. 1976b "On Austrian Capital Theory." In *The Foundations of Modern Austrian Economics*, edited by Edwin Dolan, 145–51. Kansas City: Sheed and Ward.

Lachmann, Ludwig M. 1976c. "Toward a Critique of Macroeconomics." In *The Foundations of Modern Austrian Economics*, edited by Edwin Dolan, 152–59. Kansas City: Sheed and Ward.

Lachmann, Ludwig M. 1978. "An Interview with Ludwig Lachmann." *Aus-trian Economics Newsletter* 1, no. 3 (Fall). https://mises.org/library/interview-ludwig-lachmann.

Lakoff, George. 2020. *Moral Politics: How Liberals and Conservatives Think.* 2nd ed. Chicago: University of Chicago Press.

Lal, Deepak. 1998. *Unintended Consequences: The Impact of Factor Endowments, Culture, and Politics on Long-Run Economic Performance.* Cambridge, MA: MIT Press.

Lal, Deepak. 2006. *Reviving the Invisible Hand: The Case for Classical Liberalism in the Twentieth Century.* Princeton, NJ: Princeton University Press.

Landes, David S. 1998. *The Wealth and Poverty of Nations: Why Some Are So Rich and Some So Poor.* New York: W. W. Norton.

LaVaque-Manty, Mika. 2006. "Dueling for Equality: Masculine Honor and the Modern Politics of Dignity." *Political Theory* 34:715–40.

Lavoie, Don C. 1990. Introduction to *Economics and Hermeneutics*, 1–18. London: Routledge.

Lawler, Andrew. 2008. "Boring No More, a Trade-Savvy Indus Emerges." *Science* 320, no. 5881: 1276–81.

Lazonick, William. 1991. "Business History and Economics." *Business and Economic History* 2nd ser., 20:1–13.

Le Bris, David. 2013. "Customary versus Civil Law within Old Regime France." KEDGE Business School, MPRA paper no. 521232013. http://mpra.ub.uni-muenchen.de/52123/1/ MPRA_paper_52123.pdf.

Leonard, Thomas C. 2016. *Illiberal Reformers: Race, Eugenics, and American Eco- nomics in the Progressive Era.* Princeton, NJ: Princeton University Press.

Lodge, David. 1990. *Nice Work*. London: Penguin.

Macaulay, Stewart. 1963. "Non-contractual Relations in Business." *American Sociological Review* 28: 55–67. Reprinted in *The Sociology of Economic Life*, edited by Mark Granovetter and Richard Swedberg, 191–205. Boulder: Westview, 2016.

Machlup, Fritz. 1978. *Methodology of Economics and Other Social Sciences.* New York: Academic.

Manin, Bernard. 1987. "On Legitimacy and Political Deliberation." Translated by Elly Stein and Jane Mansbridge. *Political Theory* 15: 338–68.

Marschak, Jacob. 1968. "Economics of Inquiring, Communicating, Deciding." *American Economic Review* 58 (May): 1–18.

Mazzucato, Mariana. 2013. *The Entrepreneurial State: Debunking Public vs. Private Sector Myths*. London: Anthem Press.

McCloskey, Deirdre Nansen. (1985) 1998. *The Rhetoric of Economics*. 2nd ed. Madison: University of Wisconsin Press.

McCloskey, Deirdre Nansen. 1990. *If You're So Smart: The Narrative of Economic Expertise*. Chicago: University of Chicago Press.

McCloskey, Deirdre Nansen. 1994a. "Bourgeois Virtue." *American Scholar* 63, no. 2 (Spring): 177–91.

McCloskey, Deirdre Nansen. 1994b. *Knowledge and Persuasion in Economics*. Cambridge: Cambridge University Press.

McCloskey, Deirdre Nansen. 2006. *The Bourgeois Virtues: Ethics for an Age of Commerce*. Chicago: University of Chicago Press.

McCloskey, Deirdre Nansen. 2007. "A Solution to the Alleged Inconsistency in the Neoclassical Theory of Markets: Reply to Guerrien's Reply." *Post-Autistic Economics Review* (September 18).

McCloskey, Deirdre Nansen. 2010. *Bourgeois Dignity: Why Economics Can't Explain the Modern World*. Chicago: University of Chicago Press.

McCloskey, Deirdre Nansen. 2011. "The Prehistory of American Thrift." In *Thrift and Thriving in America: Capitalism and Moral Order from the Puritans to the Present*, edited by Joshua J. Yates and James Davidson Hunter, 61–87. New York: Oxford University Press, 2011.

McCloskey, Deirdre Nansen. 2013. "A Neo-Institutionalism of Measurement, Without Measurement: A Comment on Douglas Allen's *The Institutional Revolution*." *Review of Austrian Economics* 26 (4): 262–373.

McCloskey, Deirdre Nansen. 2014a. "Getting Beyond Neo-Institutionalism: Virgil Storr's Culture of Markets." *Review of Austrian Economics* 27:463–72.

McCloskey, Deirdre Nansen. 2014b. "Measured, Unmeasured, Mismeasured, and Unjustified Pessimism: A Review Essay of Thomas Piketty's *Capital in the Twenty- First Century*." *Erasmus Journal for Philosophy and Economics* 7:73–115.

McCloskey, Deirdre Nansen. 2015. "Max U versus Humanomics: A Critique of Neo-Institutionalism." *Journal of Institutional Economics* 12:1–27.

McCloskey, Deirdre Nansen. 2016a. *Bourgeois Equality: How Ideas, Not Capital or Institutions, Enriched the World*. Chicago: University of Chicago Press.

McCloskey, Deirdre Nansen. 2016b. "Economic Liberty as Anti-flourishing: Marx and Especially His Followers." In *Economic Liberty and Human Flourishing: Perspectives from Political Philosophy*, edited by Michael R. Strain and Stan A. Veuger, 129–49. Washington, DC: American Enterprise Institute.

McCloskey, Deirdre Nansen. 2017. "Comment on 'Putting Integrity into Finance: A Purely Positive Approach' (by Werner Erhard and Michael C. Jensen)." *Capitalism and Society* 12:1–12.

McCloskey, Deirdre Nansen. 2018. "Review of Robert Skidelsky's *Money and Government*: Please Don't Call It Socialism." *Wall Street Journal*, December 5.

McCloskey, Deirdre Nansen. 2019. *Why Liberalism Works: How True Liberal*

Val- ues Produce a Freer, More Equal, Prosperous World for All. New Haven: Yale University Press.

McCloskey, Deirdre Nansen. 2020. *Historical Impromptus: Notes, Reviews, and Responses on the British Experience and the Great Enrichment.* Great Barrington, MA: American Institute for Economic Research.

McCloskey, Deirdre Nansen, and Art Carden. 2020. *Leave Me Alone and I'll Make You Rich: How the Bourgeois Deal Enriched the World.* Chicago: University of Chicago Press.

McCloskey, Deirdre Nansen, and Alberto Mingardi. 2020. *The Illiberal Myth of the Entrepreneurial State.* London: Adam Smith Institute; Great Barrington, MA: American Institute for Economic Research.

McCloskey, Deirdre Nansen. 2021. *Economic Impromptus: Notes, Reviews, and Responses on Economics.* Great Barrington, MA: American Institute for Economic Research.

McEvoy, Paul, ed. 2001. *Niels Bohr: Reflections on Subject and Object.* San Francisco: Microanalytix, 2001.

Mehta, Judith. 1993. "Meaning in the Context of Bargaining Games: Narratives in Opposition." In *Economics and Language*, edited by Willie Henderson, Tony Dudley-Evans, and Roger Backhouse, 85–99. London: Routledge.

Mencken, H. L. 1916. *A Little Book in C Major.* New York: John Lane.

Mencken, H. L. 1949. *A Mencken Chrestomathy: His Own Selection of His Choicest Writing.* New York: Knopf.

Merton, Robert K., David L. Sills, and Stephen M. Stigler. 1984. "The Kelvin Dictum and Social Science: An Excursion into the History of an Idea." *Journal of the History of the Behavioral Sciences* 20:319–31.

Mokyr, Joel. 2016. "The Bourgeoisie and the Scholar." *Erasmus Journal for Philosophy and Economics* 9 (2): 55–65. https://doi.org/10.23941/ejpe.v9i2.229.

Moore, Barrington. 1998. "Rational Discussion: Comparative Historical Notes on Its Origins, Enemies, and Prospects." *Moral Aspects of Economic Growth and Other Essays*, 144–57. Ithaca, NY: Cornell University Press.

Mote, F. W. 1999. *Imperial China, 900–1800.* Cambridge, MA: Harvard University Press.

Moynahan, Brian. 2002. *The Faith: A History of Christianity*. New York: Doubleday. Mueller, John. 2011. *War and Ideas: Selected Essays*. New York: Routledge.

Neal, Larry, Jeffrey G. Williamson., eds. 2014. *The Cambridge History of Capitalism*, vol. 1, *The Rise of Capitalism from Ancient Origins to 1848*. Cambridge: Cambridge University Press.

Needham, Joseph. 1954–2008. *Science and Civilization in China*. 27 vols. Cambridge: Cambridge University Press.

North, Douglass C. 1990. *Institutions, Institutional Change and Economic Performance*. Cambridge: Cambridge University Press.

North, Douglass C. 2005. *Understanding the Process of Economic Change*. Princeton Economic History of the Western World. Princeton, NJ: Princeton University Press. North, Douglass C., John Joseph Wallis, and Barry R. Weingast. 2009. *Violence and Social Orders: A Conceptual Framework for Interpreting Recorded Human History*. Cambridge: Cambridge University Press.

Ogilvie, Sheilagh. 2007. " 'Whatever Is, Is Right'? Economic Institutions in Pre-industrial Europe". *Economic History Review* 60:649–84.

Olmstead, Alan L., and Paul W. Rhode. 2018. "Cotton, Slavery, and the New History of Capitalism." *Explorations in Economic History* 67:1–17.

Ostrom, Eleanor, Roy Gardner, and J. Walker. 1994. *Rules, Games, and Common-Pool Resources*. Ann Arbor: University of Michigan Press.

Overton, Richard. (1646) 2014. *An Arrow against All Tyrants*. Vol. 3 of *Tracts on Liberty by the Levellers and their Critics*, edited by David M. Hart. Indianapolis: Liberty Fund.

Palmer, Tom G. 2012. "Bismarck's Legacy," In *After the Welfare State: Politicians Stole Your Future, You Can Get It Back*, edited by Tom G. Palmer. Ottawa, IL: Jameson Books.

Palmer, Tom G. 2014. "The Political Economy of Empire and War." In *Peace, War, and Liberty*, edited by Tom G. Palmer, 62–82. Ottawa, IL: Jameson Books.

Parks, Tim. 2005. *Medici Money: Banking, Metaphysics, and Art in Fifteenth-

Century Florence. New York: W. W. Norton.

Pearson, Karl. (1892) 1990. *The Grammar of Science*. London: Black.

Pearson, Karl, and Margaret Moul. 1925. "The Problem of Alien Immigration into Great Britain, Illustrated by an Examination of Polish and Jewish Children." *Annals of Eugenics* 1 (2): 125–26.

Peterson, Christopher, and Martin E. P. Seligman, eds. 2004. *Character Strengths and Virtues: A Handbook and Classification*. Oxford: Oxford University Press.

Pink, Daniel H. 2012. *To Sell Is Human: The Surprising Truth about Moving Oth-ers*. New York: Riverhead Books.

Plantinga, Alvin. 2000. *Warranted Christian Belief*. New York: Oxford University Press.

Pomeranz, Kenneth. 2000. *The Great Divergence: China, Europe, and the Making of the Modern World Economy*. Princeton, NJ: Princeton University Press.

Reckendrees, A. 2015 . "Weimar Germany: The First Open Access Order That Failed?" *Constitutional Political Economy* 26 (1): 38–60.

Ringmar, Erik. 2007. *Why Europe Was First: Social Change and Economic Growth in Europe and East Asia 1500–2050*. London: Anthem.

Robertson, Dennis H. 1956. "What Does the Economist Economize?" In *Economic Commentaries*. London: Staples Press.

Rorty, Amélie Oksenberg. 1983. "Experiments in Philosophical Genre: Descartes' Meditations." *Critical Inquiry* 9 (March): 545–65.

Rubin, Jared. 2017. *Rulers, Religion, and Riches: Why the West Got Rich and the Middle East Did Not*. Cambridge: Cambridge University Press.

Rumbold, Richard. 1685 (1961). "Speech from the Scaffold." In *The Levellers and the English Revolution*, by Henry Noel Brailsford. Stanford, CA: Stanford University Press.

Searle, John R. 2010. *Making the Social World: The Structure of Human Civilization*. Oxford: Oxford University Press.

Segrè, Gino, and Bettina Hoerlin. 2016. *The Pope of Physics: Enrico Fermi and the Birth of the Atomic Age*. New York: Henry Holt.

Sewell, William H. 1994. *The Rhetoric of Bourgeois Revolution: The Abbé Sieyes and What Is the Third Estate?* Durham, NC: University of North Carolina

Press. Smith, Adam. (1762–1763) 1978. *Lectures on Jurisprudence.* Edited by R. L. Meek, D. D. Raphael, and P. G. Stein. Oxford: Oxford University Press.

Smith, Adam. (1776) 1981. *An Inquiry into the Nature and Causes of the Wealth of Nations.* Edited by R. H. Campbell, A. S. Skinner, and W. B. Todd, 2 vols. Indianapolis, IN: Liberty Classics.

Smith, Monica L. 1999. "The Role of Ordinary Goods in Premodern Exchange." *Journal of Archaeological Method and Theory* 6:109–35.

Smith, Vernon L. 2008. *Rationality in Economics: Constructivist and Ecological Forms.* New York: Cambridge University Press.

Smith, Vernon and Bart J. Wilson. 2019. *Humanomics: Moral Sentiments and the Wealth of Nations for the Twenty-First Century.* Cambridge: Cambridge University Press.

Sprat, Thomas. (1667) 1958. *The History of the Royal Society.* Edited by J. Cope and H. Jones. St. Louis, MO: Washington University Studies.

Stevens, Wallace. 1934. "The Idea of Order at Key West." Poetry Foundation. https://www.poetryfoundation.org /poems/43431/the-idea-of-order-at-key-west.

Stigler, George J. 1961. "The Economics of Information." *Journal of Political Economy* 69:213–25. Reprinted in *The Organization of Industry*, 213–25. Home-wood. IL: Irwin, 1968.

Storr, Virgil. 2012. *Understanding the Culture of Markets.* London: Routledge.

Sutch, Richard. 1991. "All Things Reconsidered: The Life-Cycle Perspective and the Third Task of Economic History." *Journal of Economic History* 51:271–88.

Taylor, Charles. 1989. *Sources of the Self: The Making of the Modern Identity.* Cambridge, MA: Harvard University Press.

Taylor, Charles. 2007. *A Secular Age.* Cambridge, MA: Harvard University Press.

Thomson, Erik. 2005. "Swedish Variations on Dutch Commercial Institutions, 1605–1655." *Scandinavian Studies* 77:331–46.

Tirole, Jean. 2006. *The Theory of Corporate Finance.* Princeton, NJ: Princeton University Press.

Tocqueville, Alexis de. 1856 (1955). *The Old Regime and the French Revolution.* New York: Anchor Books.

Viner, Jacob. (1950) 1991. "A Modest Proposal for Some Stress on Scholarship in Graduate Training." In *Jacob Viner: Essays on the Intellectual History of Econom- ics*, edited by Douglas A. Irwin, 385–86. Princeton, NJ: Princeton University Press. Wallis, John Joseph, and Douglass North. 1986. "Measuring the Transaction Sec- tor in the American Economy, 1870–1970." In *Long-Term Factors in American Economic Growth*, edited by S. L. Engerman and R. E. Gallman, 95–161. Chi-cago: University of Chicago Press.

Walls, Laura Dassow. 2017. *Henry David Thoreau: A Life*. Chicago: University of Chicago Press.

Walras, Léon. (1874) 1954. *Elements of Pure Economics*. Translated by William Jaffé. Homewood, IL: Irwin.

Wasserstein, Ronald L., and Nicloe A. Lazar. 2016. "The ASA Statement on *p-*Values: Context, Process, and Purpose." *American Statistician* 70 (2): 129–33. http://amstat.tandfonline.com/doi/pdf/10.1080/00031305.2016.1154108.

Whaples, Robert. 2010. "Is Economic History a Neglected Field of Study?" and "Rejoinder," in *Historically Speaking* 11 (2): 17–20, 27.

White, James. B. 1984. *When Words Lose Their Meaning: Constitutions and Re-constitutions of Language, Character, and Community*. Chicago: University of Chicago Press.

Williamson, Jeffrey G. 1974. *Late Nineteenth-Century American Development: A General Equilibrium History*. Cambridge: Cambridge University Press.

Wilson, E. O. 1997. "Karl Marx Was Right, Socialism Works." Interview, Harvard University, March 27. http://www.froes.dds.nl/ WILSON.htm.

Yeager, Leland B. 1999. "Should Austrians Scorn General Equilibrium Theory?" *Review of Austrian Economics* 11:19–30.

Yeats, W. B. (1928) 1992. *The Poems*. Edited by D. Albright. London: Everyman. Ziliak, Stephen, and Deirdre Nansen McCloskey. 2008. *The Cult of Statistical Sig- nificance: How the Standard Error Costs Us Jobs, Justice, and Lives*. Ann Ar-bor: University of Michigan Press.